红色广东丛书

华南抗日纵队的建立与华南敌后战场

李金哲 编著

SPM

南方出版传媒

广东人民出版社

·广州·

图书在版编目（CIP）数据

华南抗日纵队的建立与华南敌后战场 / 李金哲编著. —广州：广东
人民出版社，2021.6
（红色广东丛书）
ISBN 978-7-218-14815-1

Ⅰ.①华… Ⅱ.①李… Ⅲ.①华南抗日游击队—史料 Ⅳ.①K265.106

中国版本图书馆CIP数据核字（2020）第263756号

HUANAN KANGRI ZONGDUI DE JIANLI YU HUANAN DIHOU ZHANCHANG

华南抗日纵队的建立与华南敌后战场

李金哲 编著

出 版 人：肖风华

出版统筹：钟永宁
责任编辑：曾玉寒 伍茗欣
装帧设计：时光机工作室 李卓琪
责任技编：吴彦斌 周星奎

出版发行：广东人民出版社
地　　址：广州市海珠区新港西路 204 号 2 号楼（邮政编码：510300）
电　　话：（020）85716809（总编室）
传　　真：（020）85716872
网　　址：http://www.gdpph.com
印　　刷：广东鹏腾宇文化创新有限公司
开　　本：787mm×1092mm 1/16
印　　张：10.75 字　数：130 千
版　　次：2021 年 6 月第 1 版
印　　次：2021 年 6 月第 1 次印刷
定　　价：32.00 元

如发现印装质量问题，影响阅读，请与出版社（020-85716849）联系调换。
售书热线：（020）85716826

《红色广东丛书》编委会

总　序

百年征程波澜壮阔，百年大党风华正茂。习近平总书记在党史学习教育动员大会上指出："我们党的一百年，是矢志践行初心使命的一百年，是筚路蓝缕奠基立业的一百年，是创造辉煌开辟未来的一百年。"翻开风云激荡的百年党史，一代又一代中国共产党人，用鲜血和生命浸染了党旗国旗的鲜亮红色，书写了可歌可泣的历史篇章，铸就了彪炳史册的丰功伟绩。一百年来，党的红色薪火代代相传，革命精神历久弥坚，红色基因已深深根植于共产党人的血脉之中，成为我们党坚守初心、永葆本色的生命密码。

广东是一片红色的热土，不仅是近代民主革命的策源地，也是国内最早传播马克思主义、最早成立共产党早期组织的省份之一。在新民主主义革命的漫长历程中，广东党组织在中共中央的领导下，发动、组织和领导广东人民开展了一系列广泛而深远的革命斗争。1921年，广东党组织成立后，积极开展工人运动、青年运动，并点燃农民运动星火。第一、二、三次全国劳动大会连续在广州召开，全国工人运动的领导机关——中华全国总工会在广州诞生。中国社会主义青年团第一次全国代表大会在广州召开，促进了全国团组织的建立、发展。在"农民运动大王"彭湃领导下，农潮突起海陆丰影响全国。

1923年，中共中央机关一度迁至广州，中国共产党第三次全国代表大会在广州召开，推动形成了第一次国共合作，建立了国民革命联合战线，掀起了大革命的洪流。随后，在共产党人的建议下，黄埔军校在广州创办，周恩来等共产党人为军校的政治工作和政治教育作出了重要贡献，中国共产党也从黄埔军校开始探索从事军事活动。在共产党人的提议下，农民运动讲习所在广州开办，先后由彭湃、阮啸仙、毛泽东等共产党人主持，红色火种迅速播撒全国。1925年，广州和香港爆发省港大罢工，声援五卅运动，成为大革命高潮时期一个十分引人注目的重要斗争。1926年，在统一广东革命根据地后，国民革命军在广州誓师北伐，以共产党员为骨干的北伐先锋叶挺独立团所向披靡，铸就了铁军威名。在北伐战争胜利推进的同时，广东共产党组织和党领导的革命队伍迅速扩大和发展，全省工农群众运动也随之进入高潮。

1927年"四一二"反革命政变以后，广东共产党组织在全国较早打响反抗国民党反动派血腥屠杀的枪声，广州起义与南昌起义、秋收起义一起，成为中国共产党独立领导中国革命、创建人民军队的伟大开端。随后，广东党组织积极探索推进工农武装割据，在海陆丰建立第一个县级苏维埃政权，并率先开展土地革命，开启了中国共产党领导人民进行的最重大的社会变革。与此同时，广东中央苏区逐步创建和发展起来，为中国革命的发展作出了不可磨灭的贡献。1931年，连接上海中共中央机关与中央苏区的中央红色交通线开辟，交通线主干道穿越汕头、大埔，成功转移了一大批党的重要领导，传送了重要文件和物资，成为土地革命战争时期党的红色血脉。1934年，中央红军开始了举世瞩目的长征，广东是中央红军从中央苏区腹地实施战略转移后进入的第一个省份，中央红军在粤北转战21天，打开了继续前进的通道，成功走向最后的胜利。留守红军在赣粤边、闽粤边和琼崖地区进行了艰苦卓绝的游击战争，高举红旗永不倒。

抗战全面爆发后，中共中央和中共中央长江局、南方局十分重视和加强对广东党组织的领导，选派了张文彬等大批干部到广东工作。日军侵入广东以后，广东党组织奋起领导广东人民开展敌后抗日游击战争，成立了东江纵队、琼崖纵队、珠江纵队、广东人民抗日解放军、南路人民抗日解放军和韩江纵队等抗日武装，转战南粤辽阔大地，战斗足迹遍及70多个县市。华南敌后战场成为全国三大敌后抗日战场之一，党领导的广东人民抗日武装被誉为华南抗战的中流砥柱。香港沦陷以后，在中共中央的领导和周恩来等人的精心策划安排下，广东党组织冲破日军控制封锁，成功开展文化名人秘密大营救，将800多名被困香港的文化名人、爱国民主人士及家眷、国际友人等平安护送到大后方，书写了抗战史上的光辉一页。

解放战争时期，在中共中央的领导下，华南地区大力开展武装斗争，开辟出以广东为中心的七大块游击根据地，成立了中国人民解放军琼崖纵队、粤赣湘边纵队、闽粤赣边纵队、桂滇黔边纵队、粤中纵队、粤桂边纵队和粤桂湘边纵队等人民武装，其中仅广东武装部队就达到8万多人，相继解放了广东大部分农村，在全省1/3地区建立起人民政权，为广东和华南的解放创造了有利条件。在广东党组织的配合下，人民解放军南下大军发起解放广东之役，胜利的旗帜很快插遍祖国南疆。

革命烽火路，红星照南粤。广东见证了中国共产党从新生到大革命、土地革命，再到抗日战争、解放战争等革命斗争全过程。其间，毛泽东、周恩来、刘少奇、朱德、邓小平、叶剑英、彭德怀、刘伯承、贺龙、陈毅、聂荣臻、徐向前、李富春、粟裕、陈赓等老一辈革命家和李大钊、蔡和森、瞿秋白、陈延年、彭湃、叶挺、杨殷、邓发、张太雷、苏兆征、杨匏安、罗登贤、邓中夏、恽代英、萧楚女、阮啸仙、张文彬、左权、刘志丹、赵尚志等一大批革命先烈都在广东战斗过，千千万万广东优秀儿女也在革命斗争中抛头颅、洒热血，留下了光照千秋的革命历史和革命精神。广东这片红色热土，老区苏区遍布全省，大大小小的革命遗址分布各地，留下了宝贵而丰厚的红色文化历史遗产。

习近平总书记强调，中国革命历史是最好的营养剂。重温这部伟大历史能够受到党的初心使命、性质宗旨、理想信念的生动教育，必须铭记光辉历史、传承红色基因。我们有责任把党领导广东人民进行革命斗争的光辉历史和伟大功绩研究深、挖掘透、展示好，全面呈现广东红色文化历史，更好地以史铸魂、教育后人，让全省人民在缅怀英烈、铭记历史中汲取砥砺奋进的强大力量，让人们深刻认识红色政权来之不易，新中国来之不易，中国特色社会主义来之不易，确保红色江山的旗帜永远高高飘扬。

为充分挖掘广东红色文化资源的丰富内涵，我们组织省内党史、党校、社科、高校等专家学者，集智聚力分批次编写《红色广东丛书》。丛书按照点面结合、时空结合、雅俗结合原则，分为总论、人物、事件、地区、教育五个版块。总论版块图书，主要综述中国共产党在广东的革命斗争历史概况，人物版块图书主要讴歌广东红色人物，事件版块图书主要论说党领导广东人民开展革命斗争的历史事件，地区版块图书从地市和历史专题角度梳理广东地域红色文化，教育版块图书着力打造面向青少年及党员的红色主题教材。丛书以相关的文物、文献、档案、史料为依据，对近些年来广东红色文化资源研究成果做了一次全面系统梳理，我们希望这套丛书能为党史学习教育、革命传统教育、爱国主义教育提供重要内容支撑。

　　一切向前走，都不能忘记走过的路，走得再远、走到再光辉的未来，也不能忘记走过的过去，不能忘记为什么出发。站在"两个一百年"的历史交汇点上，我们要更加坚定自觉地学史明理、学史增信、学史崇德、学史力行，赓续红色血脉，传承红色基因，以一往无前的奋斗姿态、风雨无阻的精神状态，推动广东在全面建设社会主义现代化国家新征程中走在全国前列、创造新的辉煌。

《红色广东丛书》编委会

2021年6月

目录
CONTENTS

导 言

　　中国人民抗日战争是近代以来关乎中华民族生死存亡的伟大战争，无数中国人民奉献出了热血和生命，换来了来之不易的胜利。正如毛泽东所指出的，"中国的抗日战争，一开始就分为两个战场：国民党战场和解放区战场"，中国共产党在抗日战争中发挥着中流砥柱的作用。朱德在中共七大上作的《论解放区战场》报告中高度评价了华南抗日纵队的历史贡献，指出："这八年中，我伟大的中国人民军队——八路军、新四军、华南抗日纵队与一切抗日的友军，协同保卫祖国。在华北、华中、华南各解放区战场上，我们共产党人和中国人民在一起，曾流洒了最多的热血。中国共产党人可以自豪地说，我们不愧为中华民族最好的子孙，因为我们做了中国人民所最希望的事业，而且我们将继续不屈不挠地做下去。"中国共产党领导下的华南各抗日游击纵队在孤悬敌后的艰难复杂条件下，与日伪军展开浴血战斗，有力地牵制了日伪军，分别建立了东江、琼崖、珠江、粤中、北江、南路、韩江等敌后抗日根据地和游击区，使华南敌后抗日战场成为中国共产党领导下的敌后抗日三大战场之一，华南抗日纵队在抗日战争中的丰功伟绩将永远激励着我们继续前行。

一 全国抗日救亡运动的兴起

第一次世界大战后，国际形势发生了巨大变化，第一个社会主义国家苏联诞生，改变了世界政治经济格局，使得社会主义制度和资本主义制度之间的矛盾日趋激烈。随后的1929—1933年世界经济危机更加暴露出帝国主义国家内部的矛盾，一部分帝国主义国家通过自我改革艰难渡过经济危机，一部分帝国主义国家则通过国外战争转嫁国内各种矛盾，如日本就是通过侵略邻近国家来缓解国内危机。日本侵华战争开始的标志是九一八事变。

（一）九一八事变与东北抗日斗争

九一八事变是日本帝国主义进一步争夺殖民地、转嫁国内矛盾、谋求世界霸权、大举侵略中国的开始，也是中国人民反法西斯战争的起点。1931年9月18日晚，日本关东军自行炸毁了沈阳北郊柳条湖附近南满铁路的一段铁轨，随即诬称中国军队破坏铁路、袭击日本守备队，突然向中国东北军驻地北大营和沈阳城发动进攻，制造了震惊中外的九一八事变。本来，九一八事变爆发前，中国东北当局已得到密报，东北军将领王以哲准备率部抵抗。但是，蒋介石三令五申，命令驻军"暂不抵抗"。王以哲部只得服从命令。1931年9月18日晚10时30分，日军迅速从西、南、北三面包围北大营，并占领了北大营的西北角。19日凌晨2时许，日军迫近营房四周的铁丝网。5时30分，北大营全部落入敌手。6时30分，沈阳沦陷。日军攻进营房，搜掠军械、子弹和钱财，然后纵火焚烧西部营房，烟火弥天，"居民北望，无不挥泪！"日军到处鸣枪示威，恣意杀人，还把张学良的官邸洗劫一空，夺走价值3200万银圆的黄金与8000万银圆，以及锦囊细软、烟土、古画等一批贵重物品。其他东北军政显赫人物的官邸也多被洗劫、捣毁。

面对日本帝国主义的侵略，南京国民政府采取了不抵抗政策。九一八事变发生后，蒋介石电令张学良"力避冲突，以免事态扩大"。东北军接到命令："即使勒令缴械，占入营房，均可听其自便"。对此，爱国士兵极为愤慨，"持枪实弹，怒眦欲裂，狂呼若雷，群情一战，甚有持

日军发动九一八事变

枪痛哭者，挥拳击壁者"。由于南京国民政府的不抵抗政策，近20万东北军不战而退，大片土地很快沦陷。日军于19日侵占沈阳、长春、鞍山、抚顺等城市。21日，驻朝鲜的日军第三十九旅渡过鸭绿江，侵入辽宁、吉林。从9月18日至25日一周之内，辽宁、吉林两省基本丢失。日本侵略军在攻占中国东北的过程中，烧杀抢掠，无恶不作，数以万计的中国军民被屠杀。事变中，中国官方损失达178亿元，仅沈阳兵工厂就损失步枪15万支，手枪6万支，重炮、野战炮250门，各种子弹300多万发，炮弹10万发。东三省航空处积存的300多架飞机全部被日军掠去，金库所存现金7000万元亦被洗劫一空。

九一八事变中柳条湖事件所谓的"证物"

处于抗日前线的东北广大人民和爱国军队，冲破国民政府的禁令，首先展开了英勇的斗争。九一八事变后，沈阳各厂的工人，抚顺、本溪、鞍山等地区的矿山工人，辽宁的纺织工人，安东丝厂的工人，南满铁路工人，纷纷举行罢工，反抗日本侵略军。沈阳兵工厂的一批工人离厂参加了抗日义勇军。广大农民也组织大刀会、红枪会、黄枪会等各种抗日武装，手执自制武器进行抗日斗争。

起初，进行武装抗日的力量主要是东北军，东北军的抗日活动失败后，则主要是由原东北军部分爱国官兵和各阶层人民组成的义勇军，此外还有中国共产党领导的游击队。在九一八事变后一年多的时间里，义勇军如燎原野火，发展迅猛，但无统一指挥，各不相属，各自为战，名称不一。有"东北民众自卫义勇军""民众救国军""抗日义勇军""民众自卫军""山林反日游击队"等。这些抗日武装成分比较复杂，其中农民约占50%，原东北的军警官兵约占25%，"绿林"出身的约占20%，知识分子和工人、商人、绅士、地主约占5%，他们是这个时期东北抗击日本侵略者的主要力量。

九一八事变发生后，中国共产党坚决主张对日抗战。1931年9月20日，中共中央发表《中国共产党为日本帝国主义强暴占领东三省事件宣言》，揭露日本帝国主义的侵华野心和南京国民政府的不抵抗政策，响亮地提出"反对日本帝国主义强占东三省"的口号。9月21日，中共满洲省委通过《日本帝国主义侵占满洲和目前党的任务的决议》，提出武装民众，发动游击战争。11月27日，刚刚在江西瑞金宣告成立的中华苏维埃共和国临时中央政府发表对外宣言，号召全国人民动员起来、武装起来，反对日本的侵略。

1932年1月，中共满洲省委制定《抗日救国武装人民群众进行游击战争》这一纲领性文件。文件指出：只有人民群众起来，只有在群众斗争中创建党直接领导的人民武装，才能保证彻底抗日救国，同时，党应以这样的武装为核心力量，支持、援助和联合其他非党的一切抗日武装力量共同反抗日本侵略者。

此时，中共满洲省委和东北各地党组织派出许多优秀干部深入农村创建党领导下的抗日武装。如派中共满洲省委军委书记杨靖宇、杨林到南满工作，大连市委书记童长荣到东满工作，省委军委书记赵尚志到巴彦、珠河工作，省委秘书长冯仲云到汤原工作。至1933年年初，在他们领导下相继建立了巴彦游击队、南满游击队、海龙游击队、东满游击队、宁安游击队、汤原游击队、海伦游击队，随后又建立了饶河、珠河等游击队，此外还掌握了抗日救国游击军等数支武装。这些游击队经过一年多的艰苦战斗，打退了日伪军对南满、东满等游击区的多次进攻，攻占了东宁、安图等县城，进行了团山子、八棵树、马家大屯、二道河子、杨木林子等上百次战斗，消灭日伪军1000多人。

东北义勇军的英勇斗争，极大鼓舞了东北人民乃至全中国人民的抗日斗志。他们为洗雪国耻而创造的英雄事迹和爱国献身精神，在中国人民的抗日战争史上占有不容抹杀的地位。

（二）一·二八事变与华北事变

1932年年初，日本帝国主义为了转移视线、减轻其侵占中国东北的国际压力，加紧在中国最大的城市——上海制造事端。1932年1月28日晚，日本借口"袭击三友实业社和焚烧三友毛巾厂"事件，要求上海满足其无理要求，虽然上海作出妥协，但日本仍不罢休，派出海军陆战队2000余人，按预定计划向闸北发动进攻，"一·二八"事变（又称淞沪抗战）爆发。国民党在蒋光鼐、蔡廷锴的指挥下，驻守闸北的第十九路军翁照垣旅全体官兵，面对装备精良、暴戾凶狠的日本侵略军的猛烈进攻，立即进行自卫还击，虽然抵抗了日军前期的进攻，但日军还是于3月2日占领了闸北、大场、真如，3日进抵南翔。同日，国际联盟开会决定，要求中日双方停止战争。至此，淞沪战事乃告结束。

淞沪抗战历时33天，中国第十九路军以劣势装备抵御住了优势装备的日本海陆军的联合进攻。在日本发动的侵略上海的战争中，据不完全统计，中国第十九路军与第五军官兵牺牲4270余人，负伤9830余人。上海市民受到日军飞机大炮狂轰滥炸，死亡6080余人，受伤2000余人，失踪1.04万人，共计损失了16亿元的财产。据日方资料统计，在侵略上海的战争中，日方陆军战死620人，负伤1622人；海军战死149人，负伤700人。在中国军队抵御日军对上海的侵略的淞沪抗战中，第十九路军首先奋起御暴，第五军随之参战。他们以装备简陋的七万之师，抗御装备精良的八万之敌，达33天之久，迫使日军三易主帅，沉重地打击了日本帝国主义者的嚣张气焰，为捍卫民族尊严和洗雪国耻付出了巨大的牺牲，在中华民族反抗外国侵略的历史上留下了可歌可泣的一页。

与此同时，日本进一步加紧对中国东北的侵略，侵占东北各省后，日本侵略者建立傀儡政权，于1932年3月1日，日本关东军发表伪满洲国"建国宣言"，3月9日，在长春举行了溥仪就职典礼，溥仪在一批日本文武官员和大小汉奸的簇拥下粉墨登场，就任执政伪满洲国。1934年3月，在溥仪的强烈要求下，伪满洲国更名为"满洲帝国"，溥仪以出卖主权为代价，满足了自己的复辟欲望，由执政者变成皇帝。伪满洲国成立后，日本侵略者从政治、经济、军事各个方面控制了这个十足的傀儡政权，使之成为日本帝国主义在东北推行残暴的殖民统治的重要工具，在各个方面实行了严格而残暴的法西斯主义统治。

日本武力侵占东三省后不久，又把触角伸向热河、察哈尔和长城，虽然中国人民在长城沿线和察哈尔地区进行了英勇的抵抗，但何应钦秉承蒋介石"一面抵抗、一面交涉"的既定政策，于1933年5月31日与日本侵略者签订《塘沽协定》，把热河在内的整个东北四省出卖给了日本帝国主义，并把冀东、平北地区划为所谓"缓冲区"，中国国家主权已经丧失了一大半。

《塘沽协定》签订后，日本侵略者便把矛头指向了华北，通过制造种种借口，挑起一系列事端，提出蛮横要求，迫使国民政府就范，以实现其侵华计划，妄图将华北五省（冀、察、晋、绥、鲁）变为第二个"满洲国"。国民政府与日本侵略者签订了《秦土协定》和《何梅协定》，实际上把包括北平（北京）、天津在内的河北、察哈尔两省大部分主权奉送给了日本。但日本最终是想把整个华北五省分离出中国，因此，日本帝国主义不断鼓动"华北自治"，并策划"内蒙古自治运动"，使中华民族陷入空前严重的民族危机。正如毛泽东所指出的："一九三一年九月十八日的事变，开始了变中国为日本殖民地的阶段。只是日本侵略的范围暂时还限于东北四省，……今天不同了，日本帝国主义者已经显示他们要向中国本部前进了，他们要占领全中国。现在是日本帝国主义要把整个中国从几个帝国主义国家都有份的半殖民地状态改变为日本独占的殖民地状态。"通过华北事变，日本帝国主义侵入中国内地，形势愈来愈严峻，中华民族的生死存亡已迫在眉睫。

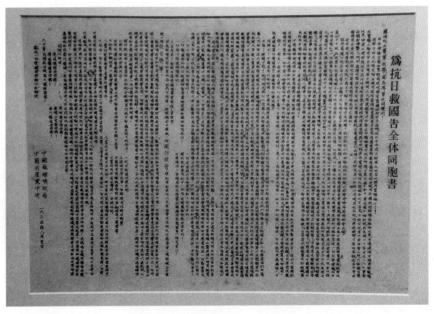

《为抗日救国告全体同胞书》

（三）一二·九运动与抗日救国运动

1935年8月1日，中国共产党中央委员会发表《为抗日救国告全体同胞书》（即著名的《八一宣言》），号召停止内战，建立抗日民族统一战线，组织国防政府和抗日联军，动员全国的人力、物力、财力，实现对日抗战。《八一宣言》指出："我国家、我民族已处在千钧一发的生死关头。抗日则生，不抗日则死，抗日救国，已成为每个同胞的神圣天职！"在《八一宣言》精神鼓舞下，中共北平工委领导下的北平中华民族武装自卫会迅速发展，北平许多大学建立了民族武装自卫会组织，成员多达数百人，他们积极开展抗日救亡活动。

在中国共产党的影响下，1935年11月1日，清华大学等十校学生联名发表《为抗日救国争自由宣言》，愤怒揭露国民政府禁止抗日、残酷镇压抗日力量、继续与日本妥协、出卖民族利益的罪行，要求抗日救国的自由。这一宣言，立即得到北平其他大中学校的支持。11月18日，中共北平市临时委员会不失时机地在水灾救济会的基础上，成立了北平市大中学校学生联合会（简称北平学联）。在北平学联的发动下，12月6日，平津（指北平、天津两市）十五校联合发出通电，反对"防共自治"，呼吁政府动员抵抗日本的侵略。

经过深入发动，北平学联决定于12月9日发动全市学生进行反对华北自治、反对成立"冀察政务委员会"、反对日本侵略的请愿游行。

1935年12月9日，北平各学校的爱国学生6000余人涌上街头，奔向新华门，举行声势浩大的抗日救国游行。他们冲破军警的重重阻挠，向国民政府军政部长何应钦请愿。愤怒的学生振臂高呼："打倒日本帝国主义！""反对华北五省自治！""打倒汉奸卖国贼！""立即停止内战！"呼声划破了笼罩在古城上空的乌云，喊出了全国各族人民的心声。

1935年12月9日北平学生的游行队伍

请愿群众代表向国民政府提出6项要求：（1）反对华北自治及其类似组织；（2）反对中日间一切秘密交涉，立即公布应付目前危机的外交政策；（3）保障人民言论、集会、出版自由；（4）停止内战，立刻准备对外的自卫战争；（5）不得任意逮捕人民；（6）立即释放被捕学生。这就是著名的一二·九运动。当天，学生的游行队伍经西单时，遭到国民党军警的阻拦和野蛮镇压，100余人受伤，30余人被捕。但爱国学生并没有被吓倒，国民党当局的镇压反而激发了学生们的坚强斗志。次日，北平学生实行全市总罢课。北平学联发布《宣传大纲》，明确提出"打倒日本帝国主义"，"反对危害民族生存的内战"，要求"一致抗日"；号召"必须联合全国民众，结成统一革命战线，武装全国民众，来扩大民族解放斗争"，使一二·九运动的宗旨更加明确、主题更加突出。12月16日，国民政府在日本的压力下，打算成立"冀察政务委员会"。中共北平党组织决定在这一天举行更大规模的游行示威，反对"冀察政务委员会"的成立。16日清晨，北平各校学生从四面八方涌向天桥，举行了3万多人的市民大会。大会通过了"不承认冀察政务委员会""反对华北任何傀儡组织""收复东北失地"等决议案。会后，举行有数万人参加的示威游行，国民政府再次调动军警镇压，被大刀棍棒砍伤、刺伤及打伤的达400人，被捕30余人。

北平爱国学生"一二·九"和"一二·一六"的示威游行，立即得到全国各地的广泛响应，掀起了全国抗日救亡的热潮。天津爱国学生于12月18日举行示威游行，19日实行罢课。上海爱国学生和文化、教育各界以及广大工人、群众于12月24日举行全市示威游行。南京、杭州、武汉、广州、开封、济南、太原等城市，爱国学生纷纷举行示威游行、请愿和罢课，支持北平学生的爱国斗争。各地工人在全国总工会的号召下，纷纷举行罢工，抗议国民党对日妥协和镇压抗日运动，支援学生斗争。广州、上海的工人召开大会，发表通电，要求对日宣战。12月12日，上海文化界沈钧儒、马相伯、邹韬奋、章乃器等280余人发表《上海文化界救国运动宣言》。27日，上海文化界救国会成立。1936年1月28日，上海各界救国联合会成立，沈钧儒、章乃器、李公朴、陶行知、邹韬奋、沙千里、王造时、史良等被推选为执行委员，沈钧儒为主席，组成执行委员会，统一领导上海的抗日救亡运动。在此前后，其他爱国人士和爱国团体也纷纷成立各界救国会，发出通电，出版各种救亡刊物，要求国民政府保卫领土主权，停止内战，出兵抗日。一二·九运动的消息传到世界各地，海外侨胞深感振奋，立即向国内各校学生组织发出电函，赞扬学生的革命精神，誓为学生的后盾。

一二·九运动是中国现代史上具有伟大意义的历史事件，它揭露了日本帝国主义侵略中国吞并华北的阴谋，打击了国民政府"攘外必先安内"的反动政策，扩大了中国共产党的影响，广泛发动了群众，推动了抗日民族统一战线的建立。它配合着红军的北上抗日行动，促进国内和平和对日抗战，使抗日运动成为全国的运动。中国人民抗日救亡运动的兴起，虽然遭到南京国民政府的残酷镇压，但沉重地打击了日本帝国主义的凶焰，激发了千百万群众的爱国热情，冲击了国民党当局的不抵抗政策，为动员全民族的抗战起到重要的推动作用。

（四）七七事变与抗日民族统一战线的正式形成

在全国抗日救亡运动高涨的背景下，全国各阶层人民对国民政府推行"攘外必先安内"的反动政策无比愤恨，但对抗日本侵略者必须团结所有力量才能取得成功。因此，中国共产党为了民族大义，决定放弃反蒋口号。为了使全党了解放弃反蒋口号的必要性，1936年9月1日和17日，中国共产党先后向党内发出《关于逼蒋抗日问题的指示》和《关于抗日救亡运动的新形势与民主共和国的决议》。明确指出："目前中国人民的主要敌人，是日本帝国主义，所以把日本帝国主义与蒋介石同等看待是错误的，'抗日反蒋'的口号也是不适当的"，"我们的总方针应是逼蒋抗日"。

正当中共中央采取"逼蒋抗日"方针，推动南京国民政府实行抗日政策的时候，蒋介石于1936年10月亲自到西安，逼迫张学良、杨虎城率部"剿共"。张学良、杨虎城在多次苦苦劝阻蒋介石停止内战、联共抗日无效的情况下，于12月12日以非常的军事行动扣押了蒋介石，发动西安事变。

由于中共中央的正确决策及中共代表团（对外界用"红军代表团"名义）卓有成效的努力，由于全国广大人民和国内外一切主张团结抗日的人们的积极要求，也由于红军和东北军、西北军做了对付"讨逆军"进攻的充分准备，历时14天的西安事变终获和平解决，从而为国共两党重新合作、共同抗日提供了必要的前提。正如毛泽东所说的："直至西安事变发生，在一九三六年年底，中国共产党的全权代表才同国民党的主要负责人取得了在当时政治上的一个重要的共同点，即是两党停止内战，并实现了西安事变的和平解决。这是中国历史上的一件大事，从此建立了两党重新合作的一个必要的前提。"

守卫卢沟桥的战士在掩体后面准备战斗

1937年7月7日，日本借口一名士兵失踪，要求搜查宛平县城，被中国守军拒绝，日军遂包围宛平县城，发动了七七事变（又称卢沟桥事变），这成为中国抗日战争全面爆发的起点。卢沟桥事变后，中共中央派周恩来、秦邦宪、林伯渠到庐山，与国民党代表继续谈判。7月15日，中共代表将《中国共产党为公布国共合作宣言》交给国民党，指出"在民族生命危急万状的现在，只有我们民族内部的团结，才能战胜日本帝国主义的侵略"，表示"为求得与国民党的精诚团结，巩固全国的和平统一，实行抗日的民族革命战争"，中国共产党愿为彻底实现孙中山的三民主义而奋斗；停止推翻国民党政权和没收地主土地的政策；取消苏维埃政府，改称为特区政府；取消红军名义及番号，改编为国民革命军。这个宣言，再次显示出中国共产党以民族利益为重，促成全民族抗战的诚意。该宣言中还提出了发动全民族抗战、实行民权政治和改善人民生活的三项政治主张，作为国共合作的总纲领和全国人民的共同奋斗目标。

卢沟桥事变不久，日本又发动了八一三事变，把战火烧到了上海，威胁到了南京国民政府。为促使中国共产党出兵抗日，以减轻国民党军队的压力，蒋介石也同意重新与共产党代表进行谈判。经过多轮谈判，1937年9月22日，国民党通过中央通讯社公开发表了《中国共产党为公布国共合作宣言》。次日，蒋介石在庐山公开发表《对中国共产党宣言的谈话》，虽然对中共仍有所指责，但亦表示愿"接纳"全国各党派，"咸使集中于本党领导之下"共同御侮，表示在国家"存亡危急之秋"，愿与共产党"彻底更始，力谋团结，以共保国家之生命与生存"，事实上承认了中国共产党在全国的合法地位。中国共产党的宣言和蒋介石谈话的发表，标志着国共两党的第二次合作正式形成。第二次国共合作也成为抗日民族统一战线的核心和基础，抗日民族统一战线最终得以形成，将中国抗日战争推向了一个崭新的阶段。

二 广州沦陷与华南敌后战场的开辟

抗日民族统一战线形成后，国共两党实现第二次合作，由于阶级立场的不同，共产党和国民党实行不同的抗战路线和方针：国民党在军事上实行"持久消耗战"，"以空间换时间"，主要不是通过自己的积极作战，改变敌我力量总的对比，以达到最后战胜敌人的目的，而是拖延时日，以待国际形势的有利变化，依靠国际力量形成对敌优势，最后取得胜利；共产党批驳当时流行的"亡国论""速胜论"等各种错误观点，系统地阐明抗日战争的方针和道路，主张持久战，放手发动群众，强调"总的战略方针暂时是攻势防御，应给进攻之敌以歼灭的反攻，决不能是单纯防御"，"正规战与游击战相配合"，"发动人民的武装自卫战"，为长期作战奠定坚实的思想和物质基础。虽然国民党在太原会战、淞沪会战、南京保卫战、徐州会战、武汉会战等战役中取得了较大的战绩，广大人民群众也积极支援正面战场，使得日本"速战速决"战略彻底失败，但由于国民党片面强调正面战场的作用，难以充分调动人民群众的力量，无法抵抗日本帝国主义的疯狂进攻，中国在抗战初期丧失了大量领土。

（一）广州沦陷

中日战争全面爆发以后，日本封锁了中国东海岸，以广州为中心的华南沿海地区成了中国从海外输入物资的主要地区。国民政府在广东设立第四战区，由何应钦兼任司令长官。由于广州邻近香港，日本如果进攻广州将损害英国利益，引起英国的对抗，因此，国民政府认为日本不敢贸然进攻广州，没有把广州作为重点防御地区，而将抗战重点放在华中，从各省包括属第四战区的广西抽调大批兵力到华中作战，导致华南兵力单薄。

1938年10月11日夜，日军第二十一集团军第五师、第十八师、第一〇四师从台湾海峡澎湖地区出发，进入广东大亚湾，对此中国守军毫无察觉。12日凌晨，日军在海军第五舰队数十艘军舰和100余架飞机的掩护下，分别乘约300艘登陆舰艇突然在大亚湾强行登陆。中国守军未作多少抵抗即撤退。

广州沦陷

当日，日本首相兼外相近卫照会各国大使，宣布日本在华南战事开始，要求各国避免一切援华行动。13日，国民党中央发表《告广东全省军民书》，号召团结一致，抗击日军，保卫广州。10月13日，日军连续攻陷淡水、稔山，16日占惠阳，尔后主力沿广州惠阳公路进攻，相继占领博罗、增城和从化，一部沿樟木头至东莞公路进攻。17日，广州各界人民7万多人举行游行，决心保卫广州。

此时，国民政府军事委员会才匆匆忙忙从第九战区抽调第六十四、第六十六军驰援广东，以迟滞日军前进。但未等该援军到达，第十二集团军总司令余汉谋即已于10月21日奉命放弃广州。23日，珠江口的虎门要塞失守，日军随即占领顺德、佛山、三水等地，控制了广州等珠江三角洲主要地区。

广州作战是在武汉会战期间进行的。对于第四战区轻弃广州，中外各界人士反响强烈。国民政府驻美大使10月23日致蒋介石的电报称："广州不战而陷，国外感想甚恶。"日军占领广州，控制了华南的部分地区，并为其以后的南进作战建立了一个前进的基地。广州失陷，使中国失去了重要的国际物资输入线，给持久抗战造成了新的困难。

从1937年7月7日卢沟桥事变至1938年10月武汉、广州失守，日本帝国主义对中国实施全面战略进攻，中国进行全国范围的战略防御。正面作战的国民党军队由于战略指导的某些失误，进行单纯的阵地防御，未充分发动民众参战，丧失了大片国土和城市。但广大爱国官兵出于民族义愤，不惜流血牺牲，进行顽强的作战，给敌人以相当大的打击，粉碎了日军"速战速决"几个月灭亡中国的美梦，并保存了中国军队的主力，这就为相持阶段进一步消耗日军的兵力、在敌后广泛开展游击战争奠定了基础。

（二）东江人民抗日武装的建立及其战斗

卢沟桥事变后，周恩来向中共中央提议，由廖承志去香港筹建八路军、新四军办事处。廖承志到达香港后，在中共香港市委的协助下，成立了八路军办事处，任办事处主任，协调和指导南方各省党的工作。当日军大举进攻广东的消息传来时，廖承志提出要在东江地区进行游击战，不进行抗日就是"天诛地灭"。1938年10月13日，日军已经在大亚湾登陆后的第二天，廖承志召集中共香港市委书记吴有恒和中共香港海员工委书记曾生开会，提出由于国民党军队缺乏坚决抗战的斗志，东江地区很快就会沦陷，要从香港抽调一批得力干部去东江地区开展敌后游击战争，开辟抗日根据地。吴有恒和曾生都迫不及待表示要回去进行战斗。两人相持不下，曾生按住吴有恒的肩膀说："老吴，回东江打游击我比你适合。第一，从个人来说，你是恩平人，语言不通，人生地疏；而我是惠阳人，语言通，了解情况。同时，我在家乡坪山地区进行过抗日宣传工作，有一定的群众基础。第二，从组织上说，惠阳县淡水、坪山地区的党组织都是由我们海委直接领导的，我负责指导过他们的工作。现在家乡沦陷，乡亲们处在水深火热之中，我有责任回去组织群众，开展救国救民、保家卫国的抗日游击战争的任务。"廖承志点头表示同意，对他们说："曾生说得有道理，我看就让曾生回去吧！有恒同志留在香港的担子也不轻，你们要做好支持内地开展抗日游击战争的工作。虽然我们回去没有武器，没有经费，会碰见很多困难，但我们也有很多有利条件，东江地区的群众基础较好，有我们的党组织，日军一时也难以站稳脚跟。我相信，只要我们的工作做好了，是可以打开局面的。"

曾生是广东省惠阳坪山（今属深圳）人，于1936年加入中国共产党，早年在中山大学读书之时，曾领导广州学生运动。1938年年初，曾生接替中共香港海员工委书记职务，不久被选为中共广东省委候补委员。在他的领导下，中共香港海员工委的工作和香港海员工人运动得到蓬勃发展。

1938年10月18日，广州即将沦陷，中共广东省委决定将多数干部撤离广州，保存有生力量，省委机关撤往粤北，成立西南特委、东南特委和东江特委，其中东南特委在香港成立，下辖中山、番禺、顺德、南海、惠阳、东莞、宝安、广州、香港、澳门等地的党组织。最后，廖承志和中共东南特委书记梁广决定，由中共香港市委抽调市委组织部部长周伯明、香港区委书记谢鹤筹等人与曾生一起回东江，组织中共惠阳、宝安工作委员会。曾生回去的时候只带了一把左轮手枪，这还是临行前从家里拿的。

此时，中共广东省委的抗日工作也紧锣密鼓地开展。早在日军侵略广东前，中共东莞中心县委就在农村建立了5个游击小组，同时将东莞县社训总队纳入中共抗日武装之中。而这些武装力量远远不够，1938年10月13日，广东东莞抗日模范壮丁队宣告成立，这是东莞中心县委直接领导的一支武装，全队150人，由王作尧任队长。王作尧是广东省东莞县（今东莞市）厚街镇人，出生在一个封建大家庭，祖父是清朝的武举人。王作尧长大后，1930年前后参加广东军阀陈济棠在广州燕塘开办的军事学校，受过严格的军事训练，于1936年加入中国共产党，受组织安排在国民党军队从事兵运工作，1938年年初身份暴露后，党组织派遣他回东莞担任中心县委宣传部部长兼军事部部长，组建东莞的抗日武装，后马上就投入抗日战斗。

1938年10月14日黄昏，东莞抗日模范壮丁队第一小队和东莞县社训总队壮丁常备队第一、第二中队，在副队长颜奇、政训员何与成的率领下，到东江河畔的要塞峡口去阻击日军。等到15日清晨，几十个日军分别乘几条船正在东江上航行，在颜奇和何与成的号令下，大家利用有利地形在山脊上开始瞄准射击，只听见枪声不断，日军不明我军底细，不敢贸然进攻，只能节节败退，虽然想冲过东江，但是没有成功，最后东莞抗日武装取得胜利。值得称赞的是，这支队伍里还有两位勇敢的女战士，一位是颜奇的文书陈福媛，另一位是战士梁霞冰。战斗胜利后，附近乡村的老百姓非常高兴，将这支队伍亲切地称为"老模"，后来这支队伍与曾生领导的部队组建成为东江纵队，老百姓仍然称之为"老模"，这是后话。

在这次阻击战胜利的三天后，虎门日军开始倾巢出动，驱赶强征的百名民夫，再次向东江袭来。日军以为这种阵势能吓跑抗日武装，但是抗日游击队马上就开始集结，商讨击退日军的办法。王作尧感叹自己队伍力量的薄弱，心里想着要是东莞也有一支强大的中国共产党武装力量该多好！但是现实情况是非常严峻的，在这种情况下，只能硬打。王作尧联合驻守白沙的国民党第一五三师刘营长，开始阻击日军。到了下午，在抗日武装的猛烈进攻下，鏖战半天的日军开始节节败退，最终逃窜回去。虽然战斗还是小规模的，但是东莞抗日武装激发了民众抗日的热情，起到了良好效果。

　　1938年11月底，日军为了巩固占领广州的战果，从四面八方开始对广九铁路进行"扫荡"，东莞的抗日武装在这样艰苦的环境下保存下来，为日后抗日战争的反攻保存实力。由于中共广东省委已经撤离广州，王作尧等人也与上级失去联系，最后决定这支队伍兵分两路：一路进入东莞、宝安的大岭山坚持战斗；另一路随国民党东莞县政府向南撤退。王作尧带领的队伍进入宝安后，马上就与当地的东（莞）宝（安）惠（阳）边人民游击大队取得联系，经过商量，王作尧和王启光、黄木芬决定两支队伍进行整合，番号为"东宝惠边人民抗日游击大队"。后来，广东民众自卫团增城县第三区常备队在阮海天和杨步尧的领导下与日军激战，后也加入了东宝惠边人民抗日游击大队，进一步壮大了抗日武装力量。1939年元旦，整编后的东宝惠边人民抗日游击大队由王作尧任大队长，何与成任政训员，卢仲夫任副大队长，黄高阳任党支部书记，为在惠州地区的抗日战争和群众工作奠定了基础。

话分两头，曾生和周伯明等人奉命到达坪山地区，随即召开会议，成立中共惠阳、宝安工委，曾生任书记，当时商定以"香港惠阳青年会回乡救亡工作团"的名义开展工作。叶挺的兄弟叶汉生、叶维儒捐献了7支全新的长短枪，坪山党组织送来了8支步枪。同时，在中共惠宝工委的争取下，国民党第四战区余汉谋所辖的温淑海旅同意给予曾生"惠宝人民抗日游击总队"的部队番号，并给曾生发了总队长的委任状，同时提供了10多支步枪和100多发子弹，罗坤也同意提供5支步枪。至此，这支30多人枪的队伍由周伯明带领进行训练。经过艰苦的发展，1938年12月2日，这支抗日武装正式命名为"惠宝人民抗日游击总队"，共80多人，总队长曾生、政治委员周伯明，郑晋任副总队长兼参谋长。

1938年冬，曾生任惠宝人民抗日游击总队总队长时，在坪山与夫人阮群英合影

华南日军陆军战斗序列

中，先后有第五师团、第十八师团、第一〇四师团、第三十八师团、近卫师团、第四十八师团、第五十一师团、第二十二师团、第一二九师团、第一三〇师团以及数个混成旅团，战斗力都较强，华南抗日任务十分繁重。

1938年11月1日，中共中央组织部致电广东省委，要求在广州及其他敌占区进行秘密工作，组织游击队，开展游击战争，广泛组织自卫军。为加强中共对东江地区抗日游击战争的领导，中共中央和广东省委抽调了一批队伍奔赴东江，其中最先到达的是随同中共东南特委书记梁广前来的梁鸿钧，他作战经验丰富，参加过广西左、右江战役，来之前的职务是陕甘宁警备区的参谋长。

梁广到达东江后，就吩咐曾生把王作尧找来一起开会，传达中共广东省委指示。会议在坪山竹园村一个破旧的炮楼里举行，会上正式成立东江军事委员会，以梁广为书记，梁鸿钧任军事指挥，成员有梁广、梁鸿钧、曾生、王作尧、何与成。

梁广是广东省新兴县枫洞乡（今枫洞村）人，曾在苏联列宁学院学习，受过系统的军事和特工培训，曾经在冲锋陷阵中负伤，但从敌人眼皮底下逃脱，被称为"福将"。有了这样一员猛将的领导，东江的抗日工作更加有声有色。

会上，梁广代表中共广东省委表扬了游击队"白皮红心"的做法，"目前，我们的力量还很小，不能过早暴露党的面目。像当前八路军、新四军那样以党的武器向国民党当局争取公开的番号，对我们来说，目前还不合适。一方面，国民党看见我们力量太小，看我们不起，未必能接受我们要求合作的主张；另一方面，我们的面目公开了，国民党又会害怕我们发展壮大，就会趁我们还弱小之时把我们消灭。因此，以抗日青年自发组织的抗日武装的面目出现，去争取国民党军队的番号，是我们当前开展斗争的正确途径"。会后，大家分头行动，有两支队伍争取到了国民党的番号。1939年4月，东宝惠边人民抗日游击大队改为第四战区第四游击挺进纵队直辖第二大队，王作尧任大队长，何与成任政训员；5月，惠宝人民抗日游击总队改为第四战区第三游击挺进纵队新编大队，曾生任大队长，卢伟良任政训员。老百

姓把曾生带领的部队称为"曾生大队"或"新编大队"，把王作尧带领的队伍称为"王作尧大队"或者仍旧称为"老

惠宝人民抗日游击总队特务队合影

模"，这两支队伍充实了华南抗战力量，不断给予日军以沉重打击。

在梁广的争取下，上级先后派卢伟良、李振亚、邬强等人来东江地区，支援华南抗日战争。

卢伟良是广东梅县人，参加过长征，曾在红军总部、新四军、东南局等重要部门任职，来到坪山后，担任新编大队政训员。周伯明改任副大队长，原副大队长郑晋被委派到南洋从事华侨的统战工作。李振亚，又名李松、李伯崇，广西藤县人，参加过百色起义，在长征中担任干部团营长，后任红三十三军参谋长，在延安抗日军事政治大学任中队长，1939年在组织安排下，调任广东省委党员培训班教官。邬强是广东英德人，早在1931年参加过英德县鱼湾暴动，1936年在国民党中央军校南宁分校学习，毕业后任国民革命军第三十一军副连长，参加过徐州、台儿庄战役，作战经验非常丰富。

新编大队成立后，在大小梅沙、葵涌、沙头角、横岗一带与日军大小作战达30余次，如马峦头阻击战、沙井头夜袭战、鸡心石伏击战等，开启了惠宝边抗日游击战争的新篇章。

在广大人民的支持下，两支抗日队伍不断发展壮大，在东至惠阳，西抵珠江口，北迄广州增城、从化等地，南到大海的广大地区，不断取得对日作战的胜利。1939年年底，新编大队发展壮大到500余人，第二大队也发展到200余人。时常能听见军民合唱抗日救亡歌曲：

> 河里水，黄又黄，东洋鬼子太猖狂，
>
> 昨夜烧了黄家寨呀，今天又烧张家庄。
>
> 大家齐心团结紧哟，拿起刀枪保家乡！

随着东江地区抗日武装的不断壮大，也随着日本对中国战争能力达到极限，国民党广东当局开始调集军队，试图消灭广东的新编大队和第二大队，负责的国民党军官是国民党第四战区游击指挥所主任香瀚屏。香瀚屏早就对部下大发雷霆，"惠阳的共产党满天飞了，五十条麻绳也捆不尽！"为应对日本和国民党军队双重夹击，1940年3月1日傍晚，梁广、梁鸿钧、曾生、王作尧、何与成等人在竹园村的一间屋子里召开军事会议，研讨下一步的军事行动。当时的形势是国民党军队已经云集到新编大队和第二大队的东面和北面，而这两支军队所处的位置西面是珠江，南面是九龙地界，没有退路。会议在这种紧张氛围下召开，经过三天的讨论，最终统一意见：队伍开往海陆丰一带，那里山高林密，回旋余地较大，同时中国共产党在那里的群众基础较好，曾经建立过中国第一个苏维埃政权。这个时候，这几位领导人没有看到，转移出去是下策，留在原地是上策，犯下了一个致命的战略性错误。

国民党军队的行动比想象的更快。1940年3月8日晚，正当抗日队伍在坪山举行三八国际劳动妇女节纪念大会之时，国民党军队已经从龙岗、坑梓、淡水三个方向向坪山扑来，经过一番战斗，直到9日晚，新编大队在梁广、梁鸿钧、曾生等人的带领下才突出敌军的包围圈，向海陆丰转移。之后经过一些小型的战役，3月18日，部队主力终于到达目的地——惠阳的高潭圩，这也是惠阳、海丰、陆丰、紫金的交界地带，在第二次国内革命战争中曾在这里建立过红军的根据地。虽然到达目的地，但是国民党军队步步紧逼，3月24日晚，国民党军队瞒过哨兵耳目，偷袭第三中队驻地，致使该中队大部分战士被俘。其他队伍也不同程度上受到国民党军队的袭击，经过突围，3月27日，部队到达海丰的石山一带。经过数次突围，新编大队损失惨重，第二中队中队长叶清华等多人牺牲，由出发前的500多人，最后仅剩下100多人，在石山村对部队进行整编，变成长枪队、短枪队和政工队。长枪队六七十人，韩捷任队长，韩藻光任政治指导员；短枪队十五六人，彭沃任队长，翟信任副队长；政工队三四十人，蔡国梁任队长。第二大队也开始向东移动，在与国民党军队交战时曾进行谈判，结果派去谈判的何与成、卢仲夫、罗尧等人都被扣留，后都惨遭杀害。第二大队70多人最终与新编大队会合，国民党军队的包围也慢慢散去。部队稳定后，梁鸿钧、曾生、周伯明等人相继去香港，与上级商量下一步的行动计划。

（三）琼崖抗日独立总队的建立及其战斗

海南岛是中国仅次于台湾的第二大岛，古时候被称为珠崖、琼崖或琼州，北隔琼州海峡，与雷州半岛相望，东面和南面分别与菲律宾、马来西亚、印度尼西亚遥遥相望。1938年4月日本海军在台湾总督府设立海军武馆府时，就开始研究怎样进攻海南岛。日军攻占广州后，开始研究制定攻占海南岛的具体方案。1939年2月10日，日军台湾混成旅团1万余人在第五舰队30余艘舰艇和50余架飞机的配合下，在海南岛琼山县天尾港、马袅港登陆。而此时国民党军队在海南岛没有多少兵力，只有余汉谋下属约一个半师1.5万人驻守，之后这些国民党军队也陆续撤回大陆，仅留下保安第五旅旅长王毅指挥的保安第十一团、第十五团1000多人，加上其他非正规军队，也仅有5000多人。日军登陆海南岛后，除了秀英炮台守军开炮还击外，其他国民党军队只做了微弱的抵抗就仓皇逃窜了，因此，日军把这次海南岛登陆作战称为"几乎不流血的登陆"。日军攻占海南岛后，一个光辉的抗日武装即琼崖抗日独立队开始酝酿成立。

谈及海南岛共产党的活动，不能不提一个显赫的名字——冯白驹。

冯白驹，别名裕球、继周，是海南省琼山县（今琼山区）大山乡长泰村人，1926年9月加入中国共产党。"四一二"反革命政变后，冯白驹带领共产党人在海南岛积极开展武装斗争。

冯白驹

1928年年底，琼崖苏维埃政府和红军仅余130多人，改编为琼崖独立团。1930年，冯白驹在母瑞山主持召开中共琼崖第四次代表大会，决定在海南岛全域实行武装暴动。1930年7月，琼崖工农红军第二独立师成立，下辖3个团、1个独立营和1个女子军特务连（即后来著名的"红色娘子军"），全师共三四千人。此外，海南岛不少地方都有一个中队的赤卫队，还有少年先锋队、劳动童子团，

红色娘子军战士

不断巩固党在海南岛的革命政权。后来，在国民党军队的疯狂"围剿"和内部"肃反"扩大化的双重影响下，琼崖党、政、军损失惨重，全面抗战前夕，海南的红军游击队只有五六十人了。

1938年11月，在国共第二次合作的大背景下，海南抗日民族统一战线最终建立起来，琼崖工农红军改编为广东省民众抗日自卫团第十四区独立队，也就是琼崖抗日独立队，这是国共联合抗日的产物。改编前，冯白驹率领的红军游击队是按一个大队300多人的建制，有3个中队和1个特务小队，当时曾发展到3000多人，后来在国民党反动派的"围剿"下，仅剩下五六十人。开始改编时，中共琼崖特委和冯白驹不断做群众工作，一个多月时间发展壮大到300多人，近300

支枪。改编后的琼崖抗日独立队仍为一个大队建制，下辖3个中队和1个特务小队，冯白驹任队长，马白山任副队长，张兴任独立队政训室主任，黎民任政训员，谢李森、陈玉清任独立队副官，黄大猷任第一中队中队长，黄天辅任第二中队中队长，张缵薪任第三中队中队长（后为吴克之），陈克邱、林豪、莫逊分别负责3个中队的党务和整治工作，职务名为司书。根据国共双方的谈判协议，国民党派遣刘振汉为独立队副队长，符荣鼎为第一中队副中队长，陈卓为第二中队副中队长，吴定中为第三中队副中队长。其中，独立队队部和第二中队驻云龙圩，第一中队驻云龙圩附近的儒来村，第三中队驻云龙圩附近的多能村，国民党按照一个营的编制每月发放军饷8000元。同时，琼崖抗日独立队还积极在南洋、港澳地区等筹集各类物资支援海南抗日民众。中共琼崖特委冲破国民党的限制，在琼山、文昌、澄迈、临高、定安、琼东、乐会、万宁等县相继成立了游击中队，直属独立队领导。

改编后，冯白驹马上下达任务，"同志们！日寇从海口方向登陆了！你们一中队立即吃饭，饭后赶到湾口渡口去，如果海口被占领，敌人肯定经湾口渡江东进。你们赶到那里后，要协同友军坚决狙击敌人，阻止日军前进，掩护群众安

1938年琼崖红军改编为独立队的旧址，原为"六月婆"庙场地，位于海口市琼山区云龙墟

全撤退！"同时，冯白驹还对符荣鼎说："符副中队，你熟悉国民党方面的人，就由你去做联系友军的工作。怎么样，有没有困难？"符荣鼎马上领下任务。琼崖抗日独立队就这样开赴战场。一路上他们没有碰见一个老百姓，也没有看见一个国民党军队的士兵，这样使得处于海南岛抗日前线的就只有200多人的独立队了。

独立队进入湾口阵地不久，日军发现其行踪，马上对湾口进行轮番轰炸，埋伏在湾口近处的李文奇就被炸弹掀起的泥土埋了大半个身子，左腿被炸伤，血流不止，但李文奇忍着剧痛一声不吭，怒目瞪向敌机，最终因失血过多而牺牲，成为日军侵略海南岛后独立队牺牲的第一个勇士。这次伏击由于日军基本上都是用飞机进行轰炸，因此独立队没有消灭一个敌人，也没有缴获任何东西，但是这种英勇行为得到了人民群众的高度赞扬。人们纷纷议论："看共产党的战士，人少枪差还敢顶上去打日本，可国民党逃得比谁都快，究竟谁是英雄谁是狗熊，一目了然。""我回去要和家里人说一下，要参加独立队打鬼子。"在抗日战争那个年代，中国共产党的装备极其落后，但是依然奔赴抗日前线，展现了不屈不挠的斗争精神，这也是中国民族魂的精神所在。

日军侵略海南岛的进程非常顺利，1939年2月14日拂晓，日本海军第五舰队的海军陆战队2550多人就在三亚登陆了，紧接着马上占领了三亚、榆林、崖县等地。随后，日军在海口附近、文昌的潭牛、临高的加来、崖县的三亚以及北黎治附近修建了机场，与澳门、台湾、北部湾等地的机场形成有机联系，成为向东南亚进攻的"跳板"。

1939年3月30日，日本宣布南沙群岛为日本领土，并归台湾的高雄市管辖。至此，日本的海南岛战役基本结束，其影响极其严重，蒋介石把日军进攻海南岛称为"太平洋上的'九一八'"，标志着日本将战争扩大到整个太平洋，使得战争进一步向全球扩散。日本占领海南岛后，在各个重要城镇、重要港口及交通要道修建了碉堡、炮台等防御工事，驻扎了大量军事力量，到日本投降的时候，海南岛还有日本海军官兵39729人，也有资料显示为49400人，其中正规部队为10004人。海南岛的敌后抗日工作面临着巨大的考验，但这些都不会动摇共产党人抗日的决心和信心，独立队在海南岛的工作一直在这种艰苦卓绝的环境下开展着，为日后解放海南岛奠定了基础。

虽然独立队第一次的抗日行动没有取得成功，但是显示了独立队真心抗日的决心，之后老百姓们开始加入独立队打击日寇，在阻击战后不到一个月的时间里，独立队由300多人发展壮大到1400多人枪。在海南岛抗日力量壮大的情况下，独立队也翻开了新的一页。

1939年3月，中共琼崖特委将琼崖抗日独立队扩编为琼崖抗日独立总队（全称为广东省民众抗日自卫团第十四区独

琼崖独立总队电台班的女战士。前排左起：王超（李振亚夫人），冯瑞梅（黄运明夫人），黄翠英（王谷彰夫人）；后排左起：曾惠予（冯白驹夫人），庄菊（符荣鼎夫人），符侠，林英（陈宗堂夫人）

立总队），下辖3个相当于营的大队和1个特务中队，冯白驹任总队长，副总队长为马白山、符振中。第一大队大队长黄大猷，副大队长吴定中，政训员莫逊；第二大队大队长吴克之，副大队长林诗耀，政训员李汉；第三大队大队长马白山，副大队长符英华，政训员张兴。从此，海南岛的抗日事业日新月异，如火如荼地席卷全岛。

1939年3月6日，独立总队第一大队在海（口）文（昌）公路的罗牛桥伏击日寇军用车辆，歼敌日军大佐以下20余人，打破了日军在海南岛未尝一败的神话。6月，独立总队第一、第二大队根据冯白驹的指示，与琼山县游击大队配合作战，围攻琼山县文岭、龙发两个日军据点，迫使这两处日军退回据点之中，限制了日军对文岭、龙发地区的发展。同月，独立总队第一大队第二中队在中队长陈水泰的带领下，在打入敌人内部的共产党员黄守全的配合下，9名战士在文昌县附近袭击了北门哨所，击毙日军6名，缴获步枪5支、短枪1支。接着，第一大队第一中队和第二大队第五中队先后在琼山县罗板铺伏击日军军车一辆，并袭击文昌县城，琼山县文岭、石桥等地日军。独立总队还动员群众，挖断公路、拆毁桥梁、截断电话线，破坏日寇的运输和通信，打击汉奸，使得日军耳目不灵。

　　由于独立总队对日军多次作战取得胜利，日军开始对独立总队进行"扫荡"。1939年6月，日军集结1000多兵力对琼文抗日根据地进行"扫荡"，琼文抗日武装在冯白驹和中共琼崖特委的指示下，一部分兵力在根据地内线积极打击敌人，另一部分兵力推进到琼山县西部的龙塘、十字路、龙桥、永兴、石山等地区展开外线战斗，将游击战争向外部发展。

　　1939年中秋节前后，琼山县西北部的第一大队第二中队在永兴镇驳壳枪班班长杜绍元的情报工作下，捕获到一个战机。杜绍元发现驻扎永兴镇的日军有一个100人左右的分遣队，每天出发去罗板铺"扫荡"之时，据点只会留下不足一个班的日军，而中秋节就是一个很好的机会。中秋节当天，杜绍元带着王庆耀、符烈军、周密、符惠英等人打扮成小买卖贩子进入永兴镇集市。在集市上突然来了三个日军，女游击队员符惠英很快吸引了日军猥亵的目光。正在这时，其他游击队员故意把带过来的鸡笼打开，把柑橘篓子打翻，因为日军认为据点里面很安全，所以这三个日军赶紧去抓鸡和捡柑橘，想着回家吃一顿好的。说时迟、那时快，王庆耀、符烈军等人拔出驳壳枪，"砰砰"两声撂倒了两个日军，另一个没被打死的日军赶紧逃跑，早在路口等待的杜绍元将最后一名日军击毙。后来，符惠英也击毙了哨所里的一名日军。接着这些游击队员冲击据点，只听见一阵枪声，游击队员歼灭了日军一个班，缴获了1门掷弹筒、1挺机枪和5支步枪。

在另一个地方，第一大队第二中队副中队长陈求光带领一支精干的突击队，也击毙了数名日军，取得伏击战的胜利；第一大队和第二大队第五中队，在大队长黄大猷的带领下，在罗板铺公路西侧伏击日军水车，全歼了日军十几名，缴获轻机枪1挺、步枪5支、短枪1支和各种子弹150余发。独立总队一系列的战斗胜利，不仅震动了岛内的日军，还引起国民党军队的注意。1939年9月，蒋介石传令嘉奖了国民党琼崖守备司令王毅。

琼崖抗日游击战争很快覆盖了琼东北的琼山、文昌，琼西南的澄迈、临高、儋县、昌江、感恩等地，因此，中共琼崖特委、独立总队总部从琼文地区向澄迈、临高山区迁移，建立靠近五指山的山区抗日游击根据地。冯白驹命令副总队长马白山赶往琼西南，开辟新的山区抗日游击根据地。

马白山，原名马家声，1917年3月出生于海南岛澄迈县大丰乡银题村，在革命战争时期一家人有7人加入中国共产党，其中3人为革命献出了宝贵的生命。马白山接到命令后，赶到第三大队驻扎地。根据当地驻扎日军100多人和日伪军一个中队200多人的情况，研究破除这支日军的方案。首先，马白山要求当地党委和第三大队积极开展群众工作，不断壮大革命力量，武装了一批群众和民兵。1939年10月21日傍晚，带领周围各乡民兵1500多人、第三大队200多人、各种抗日武装的群众2000多人，开始攻击驻扎当地的日军和伪军。经过12天的大小战斗，全歼了伪军一个中队80多人，并给日军以重创，缴获长短枪数十支及军用物资一批，极大地扩大了琼崖抗日独立总队的威望，也发展了儋、临、澄地区的抗日武装，为中共琼崖特委、独立总队总部转移到琼西山区建立根据地奠定了基础。

在琼崖抗日独立总队抵抗日寇的同时，广大的琼侨、港澳同胞也积极支援独立总队的抗日战争。早在1938年年底，华侨就成立了琼崖华侨回乡服务团，积极支持海南岛的抗日战争。1939年4月15日开始，来自港澳、南洋地区的240多名华侨分期分批向海南岛输送战略物资。在太平洋战争爆发后，服务团的工作受到阻碍，但是许多服务团的同志自愿报名参加独立总队，直接参加海南岛的抗日战争。

（四）潮汕地区人民抗日武装的建立及其战斗

随着日本不断霸占广东其他地区，广东各地也开始紧锣密鼓地组织抗日游击战斗。1939年6月6日，日军为了巩固华南沿海的战果，下达攻占中国沿海地区最后一个国际口岸汕头及其潮州城的命令。6月21日凌晨，日军对潮汕地区发起大规模进攻，进攻兵力由日本陆军第二十一军司令安藤利吉指挥、后藤十郎任支队长的粤东派遣支队，日本海军第五舰队司令近藤信竹指挥的40多艘军舰、44架飞机和1支海军陆战队组成，总兵力达1万人。22日凌晨汕头市失守，27日潮州城陷落。7月16日，日军攻占澄城。

在日军疯狂进攻潮汕地区的同时，中国共产党也开始武装抗日游击队，在敌占区进行对日战争。1939年7月7日，潮汕青年抗日游击大队在桑浦山宝云岩正式成立，卢叨任大队政委，罗林任大队长，黄玉屏、冯志坚任副大队长，这是中共潮汕地区党组织在抗日战争中组建的第一支人民抗日武装，对外公开称"汕头青抗会武装大队"（简称"汕青游击队"）。为了取得公开政治面貌和武器支持，汕青游击队领导人与国民党独立第九旅（后简称"独九旅"）谈判，同意以"国民革命军陆军独立第九旅游击队"番号开展抗日工作。

1939年8月下旬，汕青游击队在潮安北厢地区一带活动，第一小队探明一股日军将向西塘进扰的情报，在第一小队小队长林克清的带领下，采取麻雀袭扰战术打击日军，这次战役取得了胜利。之后汕青游击队接连进行了数次战斗，击毙、击伤日军10多名，游击队则无一人伤亡。而同时期，国民党第四战区司令长官余汉谋因为国民党军队数千人在潮汕作战三个月，不但抓不到一个活着的日军，连死尸都捞不到而大发雷霆，因此悬赏活捉日军一名，奖国币500元。国民革命军独立第九旅旅长华振中又追加500元，鼓励官兵活捉日军。10月初，汕青游击队捕获了一次战机，活捉了伪维持会会长，这是潮汕地区对日开展斗争以来第一次活捉日军，民心大振，汕青游击队名声大噪。经过发展，汕青游击队发展到100多人，下辖4个小队、1个侦察班和后勤、救护等班组。汕青游击队的历次英勇杀敌行为，令潮汕地区人民刮目相看，同时也引起了国民党军队的打压，企图借日伪之力消灭共产党的这支武装力量。12月，国民革命军独立第九旅强令没有重型装备的汕青游击队固守乌洋山。1940年1月2日，日军进逼乌洋山，汕青游击队尽管装备落后，依然奋勇杀敌，与日军激战3个小时后，终因寡不敌众而撤退，其中第三小队小队长许英在掩护主力撤退时身负重伤，第二天不幸牺牲。1月25日星夜，汕青游击队在阁州乡再次与日伪军打响了战争，仅用了30分钟就结束战斗，打伤伪军多名，俘虏9名，缴获长短枪19支及物资一批，取得了较大的胜利。

1940年年初，潮汕地区的反共逆流也越来越猛，矛头直指汕青游击队。2月，国民革命军独立第九旅和地方上反共顽固派以集训名义，要求汕青游击队集中到潮安县登岗，试图一举消灭汕青游击队。为了不使反共分子阴谋得逞，加上汕青游击队力量比较薄弱，汕青游击队、潮汕各地的青年抗敌同志会等相继宣布解散，但大部分人隐蔽起来转入地方工作，少数党员骨干集中组成两个抗日武装小组：一个是以黄玉屏为组长，开赴韩江西边的敌占区活动；一个是以王珉灿为组长，开赴韩江东边的敌占区活动。1942年，随着形势恶化，黄玉屏小组成员开始分散隐蔽，转入地方工作。

1940年6月，王珉灿小组改组为潮澄饶抗日游击小组（简称"潮澄饶游击小组"），队长周昭烈。1941年，潮澄饶游击小组发展成为潮澄饶敌后抗日游击队（简称"潮澄饶游击队"），队长陈应锐，政委周礼平。这支队伍不断打击潮汕地区的侵华日军，为之后潮汕地区抗日斗争的大发展奠定了基础。

三 广东各路抗日武装的建立和斗争

太平洋战争爆发后，世界反法西斯战争进一步扩大，虽然整个反法西斯的力量在不断壮大，但是中国的抗日形势仍然不容乐观，广东抗日战争也进入白热化。在此期间，无数可歌可泣的抗日英雄涌现出来，广东抗日武装在坚持斗争的同时，还为香港抢救大批爱国民主人士和文化界人士做出了卓越贡献，也为世界反法西斯战争胜利做出了巨大贡献。

（一）广东人民抗日武装的建立及其战斗

东江部队东移受挫的消息最初由梁广带到香港，廖承志和尹林平得知后非常焦急，经过商量，决定把情况和处理意见报告中共中央南方局和广东省委书记张文彬，主要内容包括：第一大队曾（生）部在海丰与揭阳交界的九龙洞地方，尚余160多人、120多支枪，损失140多人、100余支枪，第二大队王（作尧）部也抵达海丰边境，与曾部取得联系；第一大队表现慌张，并有将本部队分散、令第二大队回东莞之意。干部有不团结的表现，大家都想当老大，谁也不服谁，由于政治上对危机估计不足，存在松懈状况，在军事上只知消极逃避，导致政治军事上均被动。

根据上述情况，林平、梁广、周伯明、廖承志一致意见如下：一是对曾、王两部艰苦奋斗予以慰勉；二是仅指出曾部受到严重打击是对形势之险恶估计不足所致。

当前，在部队中克服右倾观念之抬头是最重要的任务，因此决定：梁广三日内去部队，林平日内回东江，召集会议深入检讨问题；队伍以梁广为最高领导，曾生负责对敌及地方工作，梁鸿钧负军事责任，蔡国梁任参谋；第二大队与第一大队继续在海惠间游击，第二大队不回东莞。

消息传到延安，中共中央十分重视，中共中央政治局马上召开会议，专门听取了已赴延安的张文彬关于广东工作的报告。

毛泽东在发言中说：广东省委过去的工作成绩是，发展了进步势力，即发展了党；争取了中间势力，主要在军队方面；同顽固势力的斗争也有成绩。但没有大力发展党领导的武装力量是一个缺点。今后工作方针，应把发展党领导的武装力量作为发展进步势力的重心，应将工作重心放在武装工作和战区工作。现在应上山还是下水呢？现在一切偏僻的地方都成为国民党的地区，我们不要上山，而要下水，深入敌后活动。对于时局估计，要准备最坏局面，要在最坏一点上来布置工作。

刚从苏联回来的周恩来也出席了会议，并发言：从广东的环境看，我们党与群众工作有发展的极大可能，也有更坏转的可能。今后的中心工作要放到武装斗争上，要到敌后去活动，否则不能发展。要建立政权。领导机关要隐蔽起来，干部要职业化，隐蔽在群众中。广东省委的工作中心，第一是在敌后建立政权和武装，第二是国民党统治区的工作，第三是香港、广州等敌人中心城市工作。

会后，中共中央给广东省委和香港的廖承志等人发来电报，要求曾生和王作尧的队伍回防东莞、宝安和惠阳地区，这就是著名的"五八指示"，内容为：

目前全国尚是拖的局面，现不易整个投降分裂，也不易好转，当局尚在保持抗日面目，同时进行反共准备投降中，但地方突变随时可能。在此局势下，我必须大胆坚持抗日游击战，同时不怕摩擦，才能生存发展。

曾、王两部仍应回到东、宝、惠地区，在日本与国民党矛盾间，在政治与人民优良条件下，大胆坚持抗战与打摩擦战。不向日寇进攻，向我后方行动的政策，在政治上是绝对错误的，军事上也必归失败，国民党会把我们当土匪，很少发展可能。如东去潮梅：一、人生地疏。二、顽固派仍可以扰乱抗日后方口号打我。三、将牵动当地灰色武装的暴露，不然不能生存。

回防前应注意：一、在适当地区切实整理内部，加强团结，进行大日本的政治动员。二、沿途严防受袭击损失，在有利有胜利把握条件下，对阻挠的顽固力量坚决的消灭之，以达到回到东、宝、惠地区之目的。三、略。

中共广东省委接到指示后，一面向党中央和南方局报告情况，一面向廖承志、梁广、林平、曾生和梁鸿钧发出指示，坚决执行中央的"五八指示"。

1940年6月，为更好地在东江一带开展工作，中共中央南方局指示广东省委划分为粤北和粤南两个省委。粤北省委书记张文彬，组织部部长李大林，宣传部部长涂振农，青年部部长陈能兴，妇女部部长朱瑞瑶。粤南省委书记梁广，组织部部长王钧予，宣传部部长石辟澜，妇女部部长邓戈明。

1940年11月，中共南方工作委员会（简称"南委"）相继成立，书记为方方，领导广东、广西、江西、湘南、闽西、闽南等地的抗日工作。

在中共中央和广东省委的指示下，第一大队、第二大队合成一处，在梁鸿钧、王作尧、周伯明、邬强等人的率领下，重返惠、东、宝地区。8月下旬，东移部队突破重重阻碍，返抵宝安县布吉乡的上下坪村。9月中旬，部队安顿后，大队干部聚集一起研究制订今后的行动计划。林平、梁鸿钧、曾生、王作尧、周伯明、邬强、卢伟良、蔡国梁、阮海天、黄高阳等人参加会议。会上深刻检讨了东移的错误，主要原因在于对形势估计错误，认为国共两党必然分裂，全面内战必然再起，同时也对统一战线的政策和策略把握不足，在坚持独立自主的前提下没有真正做好团结进步势力、争取中间势力和与顽固势力既斗争又合作的工作。更为重要的是，部队拉到国民党后方，既离开了抗日的战场，又钻进了顽固派的包围圈。会上，每个人都敢于承担责任，发表相关意见。经过大量讨论，会议决定抛弃国民党原先给的"新编大队"和"第二大队"的番号，改为广东人民抗日游击队，摆脱国民党的约束，放手扩大自己的力量。

王作尧与何瑛夫妇

所有武装人员整编为两个大队，即第三大队和第五大队。

第三大队大队长曾生，副大队长邬强，政训员卢伟良，下辖2个中队、1个短枪队。第一中队又称"虎门队"，中队长彭沃，指导员韩健；第二中队又称"大华队"，中队长陈其禄，指导员陈一民；短枪队队长翟信。

第五大队大队长王作尧，副大队长周伯明，政训员蔡国梁。

上下坪会议在东江人民抗日战争史上起到了承上启下的重大作用，从此，粤南一带的抗日战争开始如熊熊烈火般燃烧。

广东人民抗日游击队成立后，马上投入抗日战斗之中。1940年11月初，在大岭山西南山麓的黄潭村，群众向游击队报告：有10多个日寇趁着夜幕，闯入黄潭村附近的大径村抢东西。负责军事工作的梁鸿钧经过分析，认为日寇不是冲我们来的，立刻展开行动，打他个措手不及，树立队伍在大岭山地区的威信。

邬强命令短枪队翟信率部立即行动，在发现日军战力不差的情况下，邬强立马命令彭沃的"虎门队"和陈其禄的"大华队"进行包抄，与日军激烈交战。在日军猛烈炮火下，陈其禄受伤，机枪手何光头部中弹，小队长陈定安、短枪队队员李大红等5名战士牺牲。第三大队领导人决定先行掩护群众撤退，把日军放进村子，继续打"麻雀战"。日军杀入黄潭村，但村内一无所有，四周不时射来冷枪子弹。最后日军愤怒地烧了一些民宅，灰溜溜返回巢穴。这是部队返回东宝地区的第一战，虽然没有取得胜利，但是政治影响远远大于军事影响，周围老百姓更加信赖游击队，积极主动支援部队，帮助部队袭击周边的日伪军据点，阻击日军军车，破坏日伪军交通和通信设施，惩处汉奸，从而掀起了一阵阵抗日浪潮。

1941年1月初，游击队击败来大岭山骚扰的顽军陈禄大队的一个中队。3月初，第三大队知晓国民党保安第八团一个营偷袭平乡抗日自卫队，予以重创顽军。5月底和6月初，第三大队三败伪军刘发如部和配合伪军侵扰的顽军黄文光部。半年多时间，第三大队发展到300人左右，原来的短枪队加上一个长枪队和重机枪排扩编为第三中队，代号"西征队"，由谢阳光任中队长，陈明任指导员。同时，大岭山区8个乡还有脱离生产的抗日自卫队500多人，这些都是回到东宝地区抗日武装的成果。

1941年6月10日下午，曾生在大岭山东面的百花村接到地方党组织送来的情报，知晓东莞城、厚街等地的日伪军正在集结，可能要向中心区进攻。此时，驻东莞的日军大队长长濑正调集日军400余人和伪军200余人，兵分两路向大岭山中心区准备发动突然袭击。

由于日军误判游击队驻扎地在百花洞，因此先袭击百花洞。彭沃的"虎门队"、符东的"大华队"、邬强和谢阳光的"西征队"正从四周包围百花洞地区，等待最佳战机。等到日军进入包围圈，各路部队马上投入战斗，日军被杀得人仰马翻。附近的第五大队的"铁路队"和"石龙队"及各乡的抗日自卫队纷纷加入战斗，被包围的日军不得不向其他地方的日军求援。直到第二天下午，日军从广州、石龙出动步兵、骑兵1000多人救援被围的日军，被包围的日寇才得以逃脱。这次战役击毙日军大队长长濑以下50余人，而抗日军民仅伤亡7人，取得了百花洞战斗的胜利。驻广州的日军首脑说："这是进占华南以来最丢脸的一仗。"

日军在进攻大岭山的同时，阳台山一带也不能幸免。第五大队在进入阳台山后，首先清除周边的汉奸和特务，并发动成立了8个抗日自卫队，动员了200余名青年参军，在龙华、布吉、乌石岩、望天湖等地相继建立了乡级抗日民主政权。

1941年年初，日军不时来上下坪抢东西，老百姓深受其害。第五大队在副大队长周伯明的领导下开始突袭日军，周伯明带领队伍将这些进村抢东西的日军赶走后，有100多日军马上进行报复，第五大队隐蔽力量，没有直接交战，日军抢不到东西，寻不到目标，只能恨恨离去。而国民党军队看到共产党的军队在这个区域还有力量，立马组织1000多人向游击根据地扑来。第五大队利用有利地形和群众的掩护与之周旋，后顽军担心惊动日军，只能草草收兵。此后，顽军不时侵扰阳台山根据地，但第五大队与顽军"捉迷藏"，不仅粉碎了国民党军队的进攻，还奇袭了顽军在苦草洞的武器库，获得了武器补充。

日军不肯善罢甘休，1941年6月17日，集结驻宝安南头的一队日军，向望天湖、游松进犯。王作尧悄悄将部队转移，并布置第一中队在坂田、游松坳之间进行伏击。18日8时许，日军进入伏击圈，第一中队马上集中开火，日军仓皇向南头窜逃。其后，周伯明率领转移的第二中队跳出日军包围圈，向北路日军发起突然袭击，抗日自卫队也加入战斗，日军只能灰溜溜退走。

7月1日和7月7日，驻深圳、南头、沙头、布吉的日军又出动几百人，分三路包围望天湖、白石龙一带，但第五大队的"石龙队"和"铁路队"早有准备，与之交战，将日军杀得落花流水。从6月到8月，日军先后出动了2000多兵力，对阳台山根据地进行反复"扫荡"，对所到之处实行"三光"（烧光、杀光、抢光）政策。第五大队在抗日自卫队的配合下，打伏击战、阻击战、袭击战，共毙伤日军100余人，其中中佐军官1人，粉碎了日军8次"扫荡"。

第五大队在与日军作战期间，发展壮大到500多人，已经有了3个中队，即"铁路队""惠阳队"以及纪念何与成烈士的"与成队"，还有2个独立小队。

这期间，第三大队和第五大队抽调卢伟良等20多名干部战士组成小分队，挺进增城、从化、番禺、博罗县等一带开展游击战争。1941年3月初，卢伟良率领的小分队在中共增（城）从（化）番（禺）边工委的领导下，放手发动群众，成立了广东人民抗日游击队增从番独立大队，有100多人，卢伟良任大队长兼政委，郭大同、肖光生任副大队长，之后又发展壮大到300多人，建立了以油麻山为中心的抗日游击基地。

从1940年9月上下坪会议后一年多时间，广东人民抗日游击队在中共广东省委、东江特委的领导下，得到了广大人民群众的大力支援，东江游击队由东移后的100多人发展到1500余人，民兵达1000人，控制了宝太线公路和广九铁路东宝地区两大片地区，建立了东莞大岭山区抗日根据地、宝安阳台山区抗日根据地和增从番油麻山抗日游击基地。

日军退出后准备太平洋战争，国民党军队正准备趁日军收缩之时"围剿"东江一带的共产党军队。廖承志得到国民党广东省当局决定集中兵力"围剿"东江抗日武装的情报，马上将消息传递给在香港治病的林平，曾生刚好在香港得到这个情报后马上赶回大岭山，组织迎击顽军进犯。

1941年8月下旬，顽军徐东来支队下属的刘光大队向大岭山试探性进攻，但很快退了回去。9月中旬，徐东来支队和国民党保安第八团集结人马，准备进犯大岭山根据地。9月21日清晨，顽军黄文光大队从宝安观澜扑来，经过几次激烈交火，都被第一中队和第三中队坚决打退。相持不下时，梁鸿钧下令第三大队进行反击，粉碎了这次"围剿"。而后不久，顽军集结保安第八团以及徐东来支队主力，在徐东来亲自指挥下，分两路向大岭山根据地进攻，在敌我力量悬殊的情况下，第三大队没能很好地贯彻"打得赢就打，打不赢就走"的作战方针，反而与顽军拼消耗，节节抵抗。第三大队受损后，大队领导改变战略，留下小部队和自卫队在大岭山牵制作战，主力退出到外围作战，打击顽军后方，但最终大岭山根据地被顽军攻占。虽然大岭山山区军民与顽军进行顽强作战，"大华队"和"西征队"也重返大岭山坚持战斗，但终因力量悬殊，很长时间难以恢复到之前的力量。

1942年2月，增从番地区的独立大队也遭到日军包围，虽然毙伤数十名日军，但自身损失也很大，被迫撤到东莞，编入曾生、王作尧的部队。

日军进攻香港后，一大批爱国民主人士被广东人民抗日武装协助抢救下来，其中就有余汉谋的夫人上官德贤，但是余汉谋却在蒋介石的命令下召开"绥靖会议"，要求顽军"限期三个月内，消灭东江的曾、王匪部"，计划出动第六十五军第一八七师、保八团和挺进第六纵队徐东来支队、梁桂平支队，向宝安阳台山抗日根据地进攻。

1942年，张文彬在离开宝安前，曾召开了白石龙系列会议，要求游击队必须在坚持自卫的立场下，坚决打击来犯的顽军，军事上运用灵活多变的游击战士，避免与敌人正面硬拼和打消耗战。之后张文彬于1942年6月在向东江方向撤退时，不幸被捕，与廖承志一起囚禁在江西太和县国民党的监狱，后壮烈牺牲。

　　1942年3月，国民党军第一八七师以"联合反攻香港"的名义将师部开赴惠州，师长张光琼任惠淡守备区指挥所主任，对阳台山抗日根据地进行包围。4月14日，国民党挺进第六纵队司令邓其昌命令部队向宝安地区进攻，洗劫了大量村庄。18日，顽军以第一八七师两个营加上黄文光大队，直接向阳台山的最高峰和焦窝村进攻。游击总队按照张文彬的指示，将大部分兵力撤到敌占区分散活动，在外线打击顽军。副大队长周伯明则带领小分队在阳台山与顽军周旋，掩护焦窝村的民运队撤退，但民运队撤退过程中被顽军拦截，牺牲了30多人，而这里大部分都是从港九地区来的工人和学生。黄业带领的第二中队被包围，奋力突围，也牺牲了30多人。

　　1942年4月19日，顽军又分两路向望天湖、驻樟坑等地进攻，在第一中队掩护主力部队撤退后，政治指导员颜庆增带领的一个小队由于坚守阵地，20多名战士壮烈牺牲。顽军占领龙华、乌石岩后，继续不断"清剿"抗日武装，医务人员莫福娣，政治指导员陈笑影、沈尔七，卫生员王丽等人都壮烈牺牲。阳台山抗日根据地的战斗陷入了重重困境。当时，中共中央南方局书记周恩来指出，国民党对中共是"势在必打，志在消灭"，不能对其存有幻想，要依靠群众，加强团结，针锋相对，开展斗争。

惠宝地区的惠阳大队在阳台山根据地陷入困境之时，仍然坚持战斗，依靠群众积极寻找战机打击敌人。1942年4月19日早上，惠阳大队获悉日军百余人乘船在鲨鱼涌登陆，对群众进行"扫荡"，马上组织队伍对日军进行战斗，日军受到打击后四处逃窜。5月14日凌晨，彭沃带领队伍在铜锣径伏击日本骑兵，等到下午出现战机，半小时内将日军打得人仰马翻，后由于日军增援部队赶来，游击队才撤出战斗，这次战斗惠阳大队打死日军10多人，打伤日军20多人。

由于顽军"围剿"阳台山抗日根据地，其他地方出现防务疏忽的情况。1942年6月下旬，梁鸿钧、王作尧、杨康华、邬强、卢伟良、彭沃等人率领大岭山地区的主力和惠阳大队在大环村痛击顽军杨参华大队，后由于顽军增援部队赶到，游击队撤出战斗，第二中队中队长符东胸部受重伤，不幸牺牲。国民党军队看到大岭山地区的共产党力量也不小，纠集部队向大岭山西部的红山进攻，经过几次战斗，共产党军队打垮了来袭的顽军，打开了大岭山的局面。

1942年8月，东江地区的游击总队召开会议，研究部队组织机构调整、力量部署等问题，决定将曾生调回总队部，主持路东的工作，周伯明调任参谋处处长，邬强在东莞接任第三大队大队长，卢伟如任政委，黄业任政训室主任。会议决定重建主力大队，代号"珠江队"，调彭沃任大队长，卢伟良任政委。高健接任惠阳大队大队长。邬强率领的第三大队以大岭山西区为活动中心，彭沃率领的"珠江队"在宝太线一带活动，宝安大队随总队部行动，惠阳大队、港九大队仍在原活动区域。

1942年10月20日，根据敌情重大变化，林平向中共中央致电转周恩来，报告最近两月的情况。11月8日，林平接到周恩来的指示："你们在任何时候都需准备好对付顽方及日寇两方面的可能进攻形势。……你们对外应以人民抗日武装的面目出现，不仅在谈判如此，对群众也应如此。"

1942年10月，顽军以第一八七师师长张光琼为"剿共"指挥官，运用"勤剿、穷追、杜绝"的作战方针，对宝安地区进行疯狂"清剿"。在宝安阳台山区，总队部交通总站站长陈耀光带领站员及伤病员20多人奋力冲出重围，但不幸大多数都牺牲在顽军的枪下。在此期间，游击队面临顽军和日军双重夹击，斗争形势十分艰苦。但最终，游击总队粉碎了国民党第一八七师的"清剿"。因此，张光琼、邓琦昌被国民党免去淡澳守备区正、副指挥官职务。

1943年2月，中共广东省临时委员会（简称"中共广东省临委"）、东江军政委员会在九龙新界沙头角区乌蛟腾村召开会议（即"乌蛟腾会议"）。会议批准了东江军政委员会成员，包括林平、曾生、王作尧、梁鸿钧、杨康华、罗范群、林锵云7人，林平为主任，领导东江、珠江三角洲、中区等地的抗日武装斗争。同时也批准了广东人民抗日游击总队领导干部，即政委林平，总队长曾生，副总队长王作尧，副政委兼政治部主任杨康华，参谋长梁鸿钧，政治部副主任兼组织科科长李东明。会议要求必须积极主动反击日、伪、顽等部队的方针，以迅速改变被动地位，争取局势好转，扩大根据地。会议总结了东江抗日游击战争的经验教训，重新调整了东江前线中共组织的领导机构，制定正确的对敌斗争方针政策，为摆脱被动地位、开创新的斗争局面奠定了基础。

与共产党坚决抗日形成对比的是，国民党军队在1942—1943年掀起了一轮投降高潮，两年间，国民党投敌高级将领达60人，投降军队达50万之众。整个八年全面抗战期间，被八路军、新四军和华南抗日总队毙伤与俘虏的伪军就有110万，近20万人投诚。

在日军占领广东后，汪精卫委派陈公博担任广东伪政府主席，广东的伪军也甚嚣尘上。因此，广东人民抗日游击总队决定1943年上半年的主要任务就是重点打击伪军，警示妄图投敌的人员，遏制广东的投降潮。

总队主力"珠江队"成立之初就开始对日伪军进行进攻，1943年年初，"珠江队"将进攻目标锁定福永，1月16日黄昏，何通、陈廷禹、赵逢臣等8个手枪队员在福永对伪军进行突然袭击，因后续部队没跟上，马上退出。5月，"珠江队"再次进攻福永，经过情况侦查，得知伪军兵力情况，用20多分钟就将福永一个连的伪军击溃，游击队员只有两名战士受伤。

1943年6月，王作尧争取到伪军梁德明的反正。11月8日，梁德明得到机会带领一个营部队向王作尧投诚。

乌蛟腾会议后，总队第三大队整编为3个中队（代号分别为"平南""平东""平西"）、1个重机枪排和1个手枪队。1943年5月10日，第三大队袭击宝太公路的伪军据点。5月18日，袭击驻怀德的伪军麦定棠部。6月，在莞龙公路温塘一带袭击日伪军。7月5日，进攻伪军篁村据点。7月，奇袭莞城东北10余里（1里=500米）的茶山圩，全歼伪军一个中队。8月，重创北栅的麦浩伪联防大队。10月21日，得知汪精卫夫人陈璧君将从莞龙公路经过的情报，大队长邬强带领政委卢伟如和"平南"中队，伏击陈璧君一行。虽然护送日军较多，但是游击队仍然打掉了第一辆小车，后得知陈璧君在第二辆小车上，遗憾没能杀掉陈璧君。这一仗影响很大，东江的抗日武装马上无人不晓。11月8日，第三大队和"珠江队"联合攻打厚街，全歼王柏林伪联防大队。

（二）西海抗日根据地的建立及其战斗

珠江是广东省内最大、最重要的一条江河，起到连接省内各地的作用，也形成了广东经济政治文化中心——珠江三角洲地区。珠江三角洲包括南海、番禺、顺德、中山、新会、东莞、宝安等地，四季如春，土地肥沃，物产丰富，可以说谁控制了珠江三角洲，谁就控制了广东的一大半，因此这里的抗日任务最重，形势也最为严峻。

1940年3月初，日军为了给汪伪广东政权扫清道路，再次向珠江三角洲大举进攻，并在南海、番禺、顺德、中山一带驻扎了大量日军，在这些地方有日军直接指挥的伪第二十师、下属第三十九旅和四十旅3000余人，汪伪广东政权的兵力6000多人。而中国共产党领导的珠江三角洲敌后人民抗日武装不仅人数少，而且装备差，分布分散。如林锵云领导的顺德抗日游击队只有20多人；中山县的第四区、第六区只有中国共产党领导的乡抗日自卫队、乡警备队等数十人；中共中山县委和第九区有梁伯雄大队的20余人；其他还有中山县第九区再打南沙建立的只有10余人的抗日武装。另外，国民党广州市市长兼广东省西江"八属"总指挥曾养甫曾在广宁组织成立广州游击司令部，建立了7个广州市区游击支队，但这些游击支队基本上消极抗日，只有吴勤领导的广州市区抗日游击第二支队（简称"广游二支队"）第一大队偶尔出击日军。虽然吴勤隶属于国民党军队，但他追求进步，接受中国共产党的领导，在中共的大力协助下，吴勤带领的广游二支队发展成一支有300多人的队伍，在广州沦陷初期曾发展壮大到2000多人，从日军手上两度收复顺德大良及陈村等地，但吴勤实际指挥的只有数十人。

为壮大抗日游击队伍的力量，1940年9月，新成立的中共南（海）番（禺）中（山）顺（德）中心县委在顺德县西海乡涌口村的一间茅屋里召开第一次会议。参加会议的主要有中心县委书记罗范群，委员林锵云、谢立全、陈翔南、刘向东、严尚民等人。会议决定，必须建立一支八路军、新四军式的抗日武装，在征得吴勤的同意下，以林锵云领导的顺德抗日游击队为基础，从中山、番禺等地抽调一批党员和青年，组建独立第一中队，编入广游二支队，其中林锵云任中队长，直属中心县委和广游二支队司令部指挥。会后，罗范群和吴勤决定，谢立全化名陈明光任广游二支队司令部教官，谢斌化名刘斌任广游二支队司令部参谋。

1940年10月初，独立第一中队正式在番禺县沙湾成立，林锵云任中队长，下辖两个小队，共50多人。独立第一中队成立后不久就参与反击伪军在沙湾的战斗，20多岁的何成也在吴勤的劝说下将自己的武装纳入独立第一中队，进一步壮大了抗日力量。此时，国民党顽固派扶持一个大惯匪李辅群（外号"李塱鸡"），集结日伪军千余人，在沙湾试图对广游二支队进行打击。广游二支队第二大队在奋力抵抗下，终因寡不敌众，被李塱鸡占领沙湾。为保存实力，广游二支队第一中队和第二大队转移到顺德西海乡路尾围一带，继续进行抗日战斗。

1940年11月，日军突然袭击西海地区，独立第一中队在林锵云和谢立全的领导下积极应战，激战半日，终于打退了日军，后用反间计，利用西海乡伪乡长去和日军打交道，声明是"误打了皇军"，最终保住了西海抗日根据地。之后，西海抗日根据地还打了几个漂亮仗，值得一提的是1941年3月全歼了伪警察大队大队长梁润的伪军。广游二支队第一大队也奉命调到西海这边来，但广游二支队人员复杂，在中共中央和广东省委的指示下，中共中区特委、北江特委和八路军驻香港办事处及顺德抗日游击队相继抽调一大批党员干部，分别担任广游二支队的各级骨干，加强中共对这支队伍的领导。但由于这支队伍人员构成复杂，还在政治上频繁出事，如有企图叛变的、有被国民党收买动摇的等，共产党对这些情况早有所觉察，都作了紧急情况的应变处置。同时，中共也加紧改编广游二支队，在第一大队第一中队抽调了骨干力量，在中山县浪网乡建立了第一大队第二中队，中队长由冯扬武兼任，副中队长肖强。第二中队刚刚建立就打了一次漂亮的伏击战，在中山县风流桥与日军激战一个小时，使日军遭受损失，行动受阻。

1941年7月中旬，日军指使汉奸李塱鸡所属的两个团向西海外围推进，意图完全赶走广游二支队。西海根据地林锵云通过群众工作，积极联络当地乡绅，发展中间势力，做好充足准备，击退了李塱鸡伪军的两次试探性进攻。同时，中心县委抽调70余人在中山县五桂山开辟新区，在外围配合西海战斗。战斗断断续续一直到10月。10月16日，李塱鸡派遣伪军主力继续进攻西海，但伪军的进攻方向和路线基本都被林锵云等人预判到，西海根据地各路部队早已严阵以待。在西海人民群众的配合下，广游二支队积极作战，将伪军主力祁宝林部击溃，李福部也基本被消灭，三条战线都取得胜利，广游二支队司令部马上下达反击命令，各路抗日游击队争先恐后地出击伪军，祁宝林也被击杀。这场战役，广游二支队只有三四百人，却打垮了伪军一个师的进犯，毙伤伪团长兼"前线总指挥"祁宝林以下共500余人，俘敌副团长以下300余人。这就是珠江三角洲敌后抗战以来以少胜多的著名战斗，被誉为"西海大捷"。为扩大战果，西海根据地部队追歼逃往碧江、韦涌的李朗鸡部队，再次取得歼敌200余人的战果。西海大捷后，李朗鸡带领残部逃回番禺市桥，珠江三角洲的抗日事业蒸蒸日上。

西海大捷后，日本开始对西海根据地进行报复性的"扫荡"。1941年10月22日清晨，日本一个联队1000多人在炮兵和3架飞机的配合下，兵分三路进攻西海根据地。军政干部班学员罗章友、杨森等人奋力抗战，之后罗章友突出重围去向上级报告战争局势，杨森等3人坚守阵地被日军大火烧死，壮烈牺牲。广游二支队沉着应战，毙伤日军30余人，保卫住了西海抗日根据地。

1942年春节期间，李朗鸡残余势力继续向西海发起进攻，先后侵占西海周围十几个村庄，西海抗日部队积极应战，选择有利时机打击敌人，短短15分钟就全歼了伪军两个连，打乱了日寇的战略部署。但日寇不甘心失败，在1942年正月初三再次出动20多艘汽艇，还有大批帆船，从西海东南角的沙子角登陆，并出动3架飞机对西海进行定点轰炸。广游二支队发动大量群众支援抗日战斗，经过一整天的战斗，广游二支队以300余人的兵力打垮了拥有重型装备的近千名日军，毙伤日军200余人，再次保住了西海抗日根据地，取得了第二次西海大捷。

这些战斗不仅打击了日军，还引起了国民党军队的恐慌。国民党挺进第三纵队副总司令林小亚在接到上级的"反共"密令后，1942年3月，邀请伪军头目、汉奸和恶霸在顺德陈村召开"花园会议"，表明"蒋汪合作"的诚意，意图与伪军勾结对广游二支队进行联合进攻。4月27日，林小亚部在陈村与广游二支队的警卫小队短枪组遭遇，马上对短枪组进行攻击，短枪组终因寡不敌众，警卫小队队长梁冠和队员霍拔友、黄海3人牺牲。5月初，顽军何山部逮捕广游二支队政训室副主任冯君索，并将其交给广州汪伪政府予以杀害。5月7日上午，吴勤等人从顺德县独洲返回陈村途中，遭到顽军梁德明、汉奸欧荣的埋伏，当场遭到杀害，随同的夫人和警卫员全部牺牲。汪伪特务头子李辅群将吴勤暴尸数日，并登报告示。

1942年5月9日，中共南番中顺中心县委召开紧急会议。

会议决定为吴勤召开追悼会，揭露林小亚与日伪政府勾结杀害吴勤的罪行，并公布林锵云为广游二支队代司令，由林锵云等6人向第四战区司令长官司令部呈请给予广游二支队合法名义，在军事上积极实行自卫反击，做好统战工作，与地方实力派曾岳等人联合，打击日伪军和顽军。

6月，林小亚命令部署梁桐大队继续进攻西海抗日根据地，广游二支队在曾岳大队的配合下，连续两次进攻顽军和伪军，毙伤顽军200余人，缴获轻机枪3挺和步枪百余支，极大地打击了敌人的嚣张气焰。

梁桐不甘心失败，7月纠集梁德明、欧荣等伪军土匪500多人，在日军200多人的助阵下，向林头大举进攻。这次战役打了一整天，广游二支队守军指挥员谢斌和刘向东先后负伤，后日军才慢慢撤退离去。

9月中旬，林小亚打起日本国旗，联合日伪军，再次向林头、广教等地进行大规模"扫荡"，附近的日伪军不断协助这次进攻。在强敌面前，林锵云、谢立全、谢斌、刘向东等人指挥广游二支队和民兵沉着应战，曾岳大队闻讯也来增援广游二支队。第二天，日伪军和林小亚部1000多人兵分两路继续进攻广教，游击队利用有利地形打退了敌人多次进攻，傍晚时分，游击队动员群众一起撤离广教。第三天，林小亚部和日伪军因分赃不均引起火拼，双方各死伤10余人，游击队抓住这个机会马上发起进攻，不到两小时，歼灭伪军和顽军各一个中队。

日军为了确保"南进"的安全，又纠集数千名日军和伪军李塱鸡、彭济华两个师，以及以林小亚为首的国民党顽固派军队，合计万余人，分路向南海、顺德、番禺、中山、新会等地进行"大扫荡"。这次战斗中，一些中间派开始动摇，钟添公开投靠林小亚，纳入"别动大队"，何成大队也与沙湾的伪军妥协了。西海抗日基地的工作开展受到很大的阻碍，广游二支队司令部不得不从西海根据地转移。

1942年10月上旬，中共南番中顺中心县委在西海召开紧急会议（即"西海会议"）。会议总结两年来的游击战争经验，在肯定功绩的前提下，也指出当前过于侧重西海抗日根据地的建设，忽视了开辟其他根据地的弱点。因此，根据中共广东省委传达的中央斗争方针和珠江三角洲地区实际情况，会议决定派谢立全和梁奇达去中山，把五桂山建成抗日根据地；派林锵云、谢斌和严尚民率领两个中队转移到番禺大谷围和榄核地区，指挥南番中顺地区的各部队；派阮洪川、黄友涯带领19人小分队留守西海，继续进行敌后战斗。

会后不久，中心县委决定原在第九区抗日游击中队改称为第一主力中队，并从广游二支队调一中队，由副中队长王锦鎏、政训员欧初带领，变为第二主力中队，加强中山县抗日武装力量。

中山境内经过两年多的努力，也建立了中山抗日游击大队，大队长卫国尧、政委谭桂明、副大队长肖强、政训室主任欧初，下辖3个中队，共120余人。谢立全代表中心县委来到五桂山地区，直接领导这支队伍。中山第八区游击大队在大队长陈中坚、副大队长郑少康的率领下，不断打击日军，到1942年已壮大到100多人，并建立了多个根据地，为五桂山抗日根据地的建设创造了条件。

西海会议后，部队主力撤离西海，分散各地进行战斗，开辟了禺南敌后抗日游击根据地、五桂山抗日根据地、南三边境地区，发展至1942年12月，各地游击队共达800多人。

（三）琼崖抗日独立总队的艰苦斗争

中共中央始终关注海南岛的抗日形势，1940年1月26日，中共粤南省委转发了中央书记处的电报给琼崖抗日独立总队，电文中认可琼崖的斗争方针，要求冯白驹部应长期坚持战斗，并要求冯白驹和琼崖特委以全岛为对象，大力发展党、武装、民运，设法争取各县政权，广东可以谨慎进行，但琼崖地区要放手进行斗争，最终驱除一切汉奸反动势力。还指出抗日部队只有千余人，应当在一年内至少扩大到1万人，依靠人民群众进行自力更生，要大规模开办干部学校，从两三百名学生扩大到两三千名学生，香港的力量主要向琼崖输送，等等。

由于中共琼崖特委书记林李明和独立总队书记李黎明都去延安了，冯白驹暂代特委书记。早在接到中央指示的一个月前，琼崖特委就召开了第八次扩大会议，冯白驹代表特委作《关于目前形势与我们的任务》的政治报告。冯白驹指出，在日、伪、顽走向联合，而革命力量还比较弱小的情况下，为保存有生力量，坚持长期抗战，必须靠近五指山，建立一个进可以攻、退可以守的敌后抗日根据地。不料之后总队机关在转移时，受到日伪军的阻击，再往五指山方向前进已经非常困难。冯白驹经过与美合地区党组织商量，认为从目前的条件看在美合地区建立抗日根据地还是可行的。

美合是澄迈、临高、乐会、儋县和琼山交界的地区，方圆50多公里，东面和西南都是高山峻岭，日伪军和国民党军队都没有驻扎此地，独立总队第三大队经常在此活动，比较熟悉地形，群众基础较好，同时这个地方处于琼岛中心地带，便于联系全岛的抗日工作。

独立总队进入美合后，为培养革命干部，创办了琼崖公学、党校、军事干部学校、农训班等，冯白驹也经常担任任课老师，与学员交流探讨革命问题。因此，独立总队发展壮大成一支有3500多人的队伍。

为进一步巩固加强琼崖抗日斗争，1940年7月和9月，中共中央、广东省委相继派了有丰富作战经验和军队建设能力的庄田、李振亚、覃威来到海南岛，同时电台台长刘成义和军械师王昌义、曾飞也随同而来。独立总队领导人随之进行调整，冯白驹任总队长兼政委、庄田任副总队长、李振亚任参谋长、王业熹任政治部主任，下辖两个支队和特务大队、直属第四大队。第一支队由第一、第二大队组成，吴克之任支队长，陈乃石任政委；第二支队由第三、第五大队组成，马白山任支队长，符哥洛任政委。

部队整编后，马上投入战斗，第三、第四大队在特务大队的配合下，由李振亚指挥，在和安市附近的大岭脚公路上打了一个漂亮的伏击战，歼灭日军20多人，缴获轻机枪1挺、步枪7支及子弹数百发。国民党军队的"反共"面目马上暴露出来，吴道南被委任为广东省第九行政区督察专员兼保安司令，下令大幅度减少独立总队的军饷，限制其发展，要求独立总队缩小为一个大队，只能有三四百人。

1940年9月，顽军王毅、吴道南又下令撤换了拥护中共抗日的国民党文昌县县长战靴新。10月，国民党临高县政警队在临高县沿海地带杀害了独立总队第二支队第二大队6名短枪队员。随后，国民党当局全部停发独立总队的军饷，并取消"独立总队"的番号，由国民党琼山县游击大队叶丹青部予以取代。

独立总队面临的形势越来越严峻，1940年10月5日至11月24日，冯白驹连续四次将琼岛情况报告给中共中央。11月23日，毛泽东、朱德、王稼祥发电给冯白驹，"发桂林转琼崖冯白驹同志：十九日电悉，顽军有向你们进攻可能，你们应从军事上政治上加紧准备粉碎其进攻。其方法是待其进攻时，集中主力打其一部，各个击破之。"

独立总队围绕如何保卫美合根据地进行讨论。经过反复讨论，冯白驹决定保卫美合根据地。1940年12月15日凌晨，国民党保七团和西路几个县的反动武装3000多人分五路偷袭美合抗日根据地。冯白驹带领队伍沉着应战。经过两天的激战，部队虽然给予顽军痛击，但是也难以完全抵抗敌人。因此，冯白驹决定撤出根据地，突出重围。顽军占领美合后，大肆屠杀人民群众，独立总队及琼崖公学的伤病员就被残杀达百余人，这就是震惊琼崖的"美合事件"。

部队突围后，经过会议讨论，冯白驹决定集中力量，东返琼文。中共琼崖特委、独立总队及特务大队东返琼文根据地，与第一支队会合；第二支队向西路澄迈、临高、儋县挺进，创建抗日根据地；张开泰率领的第四大队，由琼崖公学学员补充扩编队伍，开往昌江、感恩、崖县等地活动，必要时向万宁转移，巩固六连岭根据地；罗文洪、谢凤池等人留在美合地区继续战斗。

1940年年底，张开泰率领的第四大队西撤到儋县、白沙、昌江等地，与潘江汉、杨应时领导的两支儋县抗日游击中队合编为第三支队。第三支队冲破日伪军和顽军的重重封锁，于1942年年初到达万宁县六连岭根据地，与活动在此地的特务大队合并，恢复为2个大队、4个中队和1个特务中队的编制，共300多人，张开泰任支队长，陈武英任政委。第三支队经过半年的长途跋涉，途经8个县，行程达1000多公里，号称"小长征"。

在撤出美合抗日根据地时，由于电台过于笨重，汽油难以保证，琼崖特委将之暂时隐藏。1941年7月，特委机关遭到顽军攻击，小电台难以发出讯号，使得琼崖抗日武装一直没能与中共中央联系。这也使得琼岛的抗日战争只能自力更生，难以有效得到上级党组织的支援。直到1946年7月，上级党组织从澳门运来新的电台，琼崖特委才重新与中共中央日常联系上。

1941年7月2日，冯白驹召集大家召开军事会议，会议决定吴克之和马白山担任正、副指挥，集中两个支队在美潭公路上分三路伏击日本军车。第二天黄昏，队伍做好部署，静静等待战斗。经过激烈战斗，美德据点的日军丢下十几具尸体仓皇逃回据点。

日本因担心琼岛的抗日武装会对日军"南进"和"资源开发"构成巨大威胁，所以从1941年秋就连续发动两次大规模"扫荡"，即"丫三"和"丫四"作战。由于日军实力强劲，又有海军、空军支援，抗日游击队难以抵抗，只能不断撤退。据不完全统计，日军在"大扫荡"期间，杀害的群众超过2万人。

1941年10月后，日军在琼岛的主力部队撤回日本国内，控制区域大减，独立总队才慢慢恢复原有的活动领域。

1941年11月，日军又发动了"丫五"作战，继续"扫荡"岛内的抗日武装，为"南进"日军占领三亚做准备。

皖南事变后，国民党在各个地方不断进攻中共的抗日武装，但中共一直希望与国民党联手抗日，并不断呼吁重新谈判。而海南岛内，国民党琼崖守备副司令李春农毫无团结抗日的诚意，要求独立总队悔过自新，听候收编，并杀害了中共派去的谈判代表卢赤民。1941年12月，国民党给独立总队送来一封邀请函，意图谈判。原来是顽军从广州运来一批军用物资到达文昌锦山乡海边，须经过琼文抗日根据地，国民党军队要求独立总队让路。李春农在谈判的同时玩两面手法，积极准备向独立总队进攻。

1942年1月17日晚，李春农率领保六团一部、保七团特务连、手枪队等直属部队与李紫明会合，向锦山进攻，驻扎在道门村。独立总队得悉消息后，派第一支队第一大队黄大猷直接掐断道门出去的通路，把李春农孤立在道门村。但在日军的配合下，李春农带领一伙顽军突出重围，向锦山窜逃。在逃跑过程中，第二支队机枪手黄可则向一个骑马的顽军射击，那个骑马的顽军踉踉跄跄从马上跌落下来。后来，独立总队得知琼崖国民党顽军在大办丧事，才知道被击倒的顽军就是国民党琼崖守备副司令兼保七团团长李春农。

李春农被击毙后，李紫明继任保七团团长，率领6个连和1个游击大队共1100多人想返回自己的老巢。冯白驹、吴克之和马白山决定阻击这支顽军，独立总队参战兵力达2500

多人，琼文地区的六七千名百姓也来支援前线。经过五天四夜的激战，由于李紫明向王毅、吴道南求援，使得李紫明突围出去。最终独立总队毙伤顽军副团长以下400余人，保七团副团长董伯然也身受重伤，沉重打击了琼崖国民党顽军，吴道南、林荟材、李紫明等人因"剿共不力"被迫去职，调离琼崖。

日本为了把海南岛作为太平洋战争的兵站基地，不断修建机场等军事设施，同时也从1942年6月8日至25日，对海南岛进行了"丫六"作战，试图击溃岛内抗日武装，巩固日本在琼岛的统治。国民党海南守备司令王毅，保七团副团长董伯然、何定支居然与日军订立《共同防务协定》，划地分防，共同"围剿"独立总队和抗日根据地。

1942年6月1日，为粉碎日军的大规模"扫荡"，冯白驹领导的中共琼崖特委发出《关于目前琼崖局势的指示》，号召琼崖全党及根据地军民认清形势，看到前途，反对一切悲观失望，反对一切麻木不仁，以最大毅力和决心，运用正确的统一战线策略，动员所有力量，冲破一切困难，争取时局好转。

根据独立总队部署，在琼山、文昌活动的第一、第二支队，越过海口至文昌公路以北和南渡江以西，采取打出去又缩回来的游击作战打击日寇；第三支队以六连岭为根据地，向乐会、万宁等县活动；刚成立的第四支队以儋县、临高为根据地，积极寻找战机，打击日寇，扩大根据地。这些支队都有力地打击了日寇的嚣张气焰。

1942年11月开始，驻琼日军中将司令官佐贺启次郎亲自出马，调集第十五、第十八特别警备队共5000人组成"讨伐军"，在飞机上和近1万名伪军配合下，发动"丫七"作战，意图对琼文抗日根据地进行第二期"蚕食"，以公路为"链"，以碉堡为"锁"，将村庄夷为平地，不断缩小包围圈，以极其恶毒的"囚笼政策"，想将独立总队困死在琼文的狭窄地带。1943年秋，日军又把这套"蚕食"的办法运用到琼西地区。

为应对日寇的疯狂进攻，中共琼崖特委先后发出《反"蚕食"斗争指示》和《粉碎敌顽"蚕食"政策的决议》，要求敌顽据点3里（1.5公里）内的村庄一律移民，并应设法坚持和救济，坚壁清野，对敌妥协者限期离开，对游击区内敌伪村长和顽固保甲长原则上无情摧毁，并辅之以说服争取和严办结合。中共琼崖特委、独立总队决定将第一、第二支队主力组成一支800人的精锐部队，集中消灭其中一路日军。抗日武装通过化整为零、打游击战等方法，有力地粉碎了敌顽进行"蚕食"的计划。独立总队的战士面对日军低空飞行的飞机，用步枪还击落了一架飞机，这是琼崖抗战的巨大战果。

自1942年10月至1943年1月，独立总队共毙伤日军、伪军、顽军1200多人，也粉碎了敌顽的"蚕食"美梦。

另外，由于日本1941年12月8日开始进攻港九，中共中央决定开展"虎口大营救"行动，抢救了一大批爱国民主人士和文化界人士，东江纵队和省港地下党营救了至少万余人，在国内外产生了巨大的影响。

四 华南抗日根据地的建立和斗争

世界反法西斯战争的形势发生根本变化，斯大林格勒战役取得伟大胜利，1943年9月意大利宣布投降，整个反法西斯战争进入战略反攻阶段。在中国，日本为了扭转战争局势，于1943年发动了"一号作战"，虽然严重打击了中国中部和南部地区的抗日武装，但其自身也付出了巨大代价，后由于日本兵力不足，1944年结束"一号作战"。这一阶段，广东人民抗日战争如火如荼地进行着，建立了东江纵队、珠江纵队、琼崖纵队、韩江纵队，粤中抗日解放军、南路人民抗日解放军等队伍积极推进抗日战争，为广东最终取得抗日战争的胜利奠定了坚实的基础。

（一）东江纵队的建立及其战斗

日军为了支持太平洋战争，急需打通平汉、粤汉和广九铁路，并巩固广州和香港这两个中转站。因此，1943年11月初，日军派遣军司令部开始对广九铁路发动攻势，但是当地的国民党守军却仓皇而逃，使得日军几乎不费吹灰之力就占领了广九铁路。之后，日军纠集一个师团及伪军第三十师等

9000多人，进攻对广九铁路威胁最大的大岭山根据地，号称"万人扫荡"，扬言要消除这块"治安之癌"。

11月16日早上，日军从三个方向包围大岭山根据地，广东人民抗日游击总队根据情报调集三支队伍进行战斗，邬强带领第三大队在大岭山以东、以西活动，黄布中队驻扎怀德乡远丰围村，王作尧和彭沃带领"珠江队"和梁德明的队伍前往宝安西乡，采取"敌进我进"的方针，向广九铁路发展。

11月17日夜，王作尧和彭沃带领的"珠江队"最先遭遇日伪军，经过战斗，发现日伪军有2000多人，王作尧等人根据敌众我寡的现实，当机立断退回大岭山。18日天亮的时候，怀德地区的日军出现，黄布中队与之激战数小时，毙伤日军20多人，中队班长张喜光牺牲，中队最终也被迫退回大岭山。此时，日伪军已经占领大岭山脚下每一个村庄，基本包围了大岭山根据地。情况越来越严峻，总队部经过会议讨论，同意邬强的建议，准备在黑夜突围出大岭山根据地。夜幕降临后，总队部兵分三路进行突围，第一路由王作尧、杨康华、邬强、彭沃等人领导，向北突围，这是主力；第二路由卢伟如带领第三大队向东突围；第三路由黄布带领向西突围。日伪军原以为抗日军队会从南部突围到宝安，可惜日伪军失算了。经过突围，三路队伍都完成了任务，虽然付出了一定的牺牲，但是使日伪军"铁壁合围"的"扫荡"破产，声势浩大的日伪军进攻就这样被瓦解了。

突围出去的队伍为了减轻日伪军"围剿"大岭山的压力，不断在外围进行战斗，如卢伟如的第三大队主力袭击东坑下来的日军，并破坏广九铁路交通和通信设施。"珠江队"出击广九路两侧，牵制东莞的日军，使得日伪军的如意算盘完全被打乱了。

日伪军恼羞成怒，1943年11月至12月，调转矛头兵分三路又向阳台山根据地进攻，其他地区的抗日武装则在各地打击日伪军，牵制日军的"扫荡"，使得日伪军的进攻难以有效实施，最终也守住了抗日根据地。

东江人民抗日武装自1938年建立以来，虽然一直没公开，但实际上一直受中国共产党的领导。1943年7月10日，林平致电中共中央南方局，提出"我队面目公开对实际活动无碍"的请求。8月23日，新华社在延安《解放日报》发布两个重要文件，即《国共两党抗战成绩的比较》和《中国共产党抗击的全部伪军概况》，第一次向全世界宣布广九铁路地区有中国共产党领导的抗日游击队。随后，中共中央指示将"广东人民抗日游击总队"的番号改为"广东人民抗日游击队东江纵队",并公开宣称接受中国共产党的领导。

1943年12月2日,广东人民抗日游击队东江纵队(简称"东江纵队")在惠阳县土洋村正式成立,司令员曾生,政委林平,副司令员兼参谋长王作尧,政治部主任杨康华,并发表《东江纵队成立宣言》,庄严宣告东江纵队是人民的子弟兵,坚决拥护中国共产党的政治主张,接受中国共产党的领导,为打败日本帝国主义,建立独立、自由、幸福的新中国而奋斗。

《东江纵队之歌》响彻天空:

我们是广东人民的游击队,

我们是八路军新四军的兄弟。

我们的队伍驰骋于东江战场上,

艰苦奋斗,英勇杀敌,

取得了辉煌胜利;

我们有伟大中国共产党的光荣领导,

用我们英勇顽强的战斗,

一定把敌伪和顽固军队彻底消灭!

同志们,前进吧,

光明已来临!

今天，我们是民族解放的战士，

明天啊，是新中国的主人。

东江纵队成立时，下辖7个大队：增城、博罗地区为独立第二大队，大队长阮海天，政委李筱峰；东莞地区为第三大队，大队长邬强，政委卢伟如；主力"珠江队"扩编为第五大队，大队长彭沃，政委卢伟良；惠宝地区两个大队，即惠阳大队（大队长高健、政委李东明）和护航大队（大队长刘培，政委曾源）；宝安地区为宝安大队，大队长曾鸿文，政委何鼎华；港九地区为港九大队，大队长蔡国梁，政委陈达明。原定梁鸿钧为纵队参谋长，但他坚决不当，后改为军事特派员，负责军事指导工作。纵队共有人员3500人，是华南最大的一支人民抗日武装。

不久，第三大队又扩编为3个大队，即第三大队、东莞大队、铁东大队。东莞大队大队长张英，政委黄业；铁东大队大队长谢阳光，政委何清。第三大队大队长仍为邬强，政委卢伟如，由其统一指挥3个大队。宝安大队派出的独立小队在东凤岗、清溪一带活动，队伍由30多人发展到150多人，1944年2月初，独立小队扩编为独立第三中队，中队长何通，政委黄克，直属纵队指挥。至1944年年初，东江纵队发展成9个大队和1个独立中队，脱产部队又进一步扩大到5000人。

东江纵队的成立，对东江抗日根据地军民是一个极大的鼓舞，在国内外产生了重大的政治影响，提高了中国共产党及其领导下的人民抗日武装队伍的威望，促进东江人民抗日武装力量的发展壮大，推动东江敌后抗日游击战争的进一步开展。

粉碎"万人扫荡"后，东江纵队司令部和政治部发布《"游击队之英雄"给予条例》，号召全军给予日伪军猛烈打击，开展杀敌立功竞赛活动。

当时，常平是广九线上日伪军的主要据点之一，驻有日军一个中队、伪警察大队及几个联防队，号称"水泼不进"的据点，结果却被东江纵队多次攻破。1944年元旦过后，第三大队出击广九铁路常平车站，全歼伪军第三十八师第八十八团一个连。接着，独立第三中队在常平歼灭伪护路队。不久，以卢仲夫命名的"仲夫队"夜袭常平的伪警察大队，不发一枪活捉该队大队长，缴获轻机枪1挺和步枪手枪百余支。之后，"仲夫队"还在常平解决了两个伪联防队，生擒了日军宪兵大队长山本少佐和他的翻译官。东江纵队的打击还使得驻常平伪军暂编第一团缴械投诚。东江纵队的

《前进报》报道战况时，起名为"打常平实在平常"。

第三大队不仅打击广九线的日伪军，还将打击范围向莞太、莞樟、宝太线等地延伸。1944年除夕夜，第三大队将目标瞄准篁村张玉章的伪联防队。张玉章，绰号"肥仔张"，手下200多人都是地痞、流氓等，四处祸害百姓。第三大队决定由手枪队和"平南"中队主攻，"平西"中队为预备队，还设立了爆破班，在通往莞城的公路上由翟阳中队对支援的日伪军进行拦截。经过周密部署，第三大队在这一天向"肥仔张"的部队进攻，只听见枪声、炮声、号角声乱作一团，最终重创伪联防队。但是第三大队也付出了巨大牺牲，手枪队队长叶凤生等人壮烈牺牲，之后部队主力撤出了战斗。

1944年2月初，得知驻林村车站的日军准备将一批劫掠的物资运走，第五大队在抗日自卫队的配合下，夜袭这支日军，并缴获所有物资，击毙日军数人，俘虏数人。同时，何通带领的独立第三中队突袭平湖日军，迅速消灭这支日寇。2月中旬，第三大队在大岭山东面的松木山村附近遭遇伏击的伪第三十师第一三四团，经过激烈战斗，重创这支伪军，后撤出战斗。

3月31日清晨，驻大朗的伪第四十五师第一三四团1000

余人在伪团长李益荣带领下，向驻梅塘乡黄猄坑村的东江纵队第三大队袭来。经过激烈战斗，伪军开始后撤，但撤退中被抗日自卫队和民兵包围，最终这支伪军被迫将枪械丢弃，渡过黄江河保命。黄猄坑战斗时东江纵队以少胜多，是在运动战中歼灭日伪军的一次漂亮战斗。

5月7日，日军加藤大队和伪军400余人在炮队和马队的配合下再次奔袭梅塘地区的抗日武装。东江纵队集中第三大队、第五大队、东莞大队等部队进行应战。战斗发生在龙见田村附近的马山地区，日军被东江纵队三面夹击，经过半天的激烈战斗，日军被打得疲惫不堪，午后，加藤大队逃回樟木头。之后，藤大队大队长认为自己惨败无颜见天皇，遂剖腹自尽。这就是著名的"马山战斗"。此外，5月，东莞大队三次奇袭厚街，消灭伪军一个连和两个伪护沙队。

5月13日，日军藤本大队川口中队100余人占领清溪，强征民夫修复铁路。独立第三中队不断袭击下乡拉民夫的日军，其中何通带领的5名短枪队员击毙日军8人，击伤1人，击毁汽车3辆，缴获步枪1支。随后，日军集中藤本大队和加藤大队，分五路进攻驻黄洞的独立第三中队。经过激战，独立第三中队活捉伪联防中队中队长，击毙顽抗的税警队队长等人，其余伪军基本缴械投降，川口中队仓皇逃跑，独立第三中队解放清溪。

7月下旬，独立第三中队袭击平湖车站的伪警察中队，担负这次突击任务的"小鬼班"和短枪班全歼了伪警察中队。

7月22日，独立第三中队押解近百名俘虏和缴获的80多支枪向雁田方向撤退，路上遭遇10级台风和暴雨。行至老虎山下沙岭附近，"小鬼班"突然与日军加藤大队主力交火，日军利用有利地形猛烈攻击这支队伍，但独立第三中队仍然主动迎击。关键时刻，17岁的共产党员黄友主动请缨，带领"小鬼班"战士尹林、赖志强、傅天聪、李明，在老虎山下阻击日军，掩护主力前进，虽然最终完成了掩护任务，但是"小鬼班"5名队员全部壮烈牺牲。黄友在头部受重伤后，仍竭尽全力抱着枪滚到泥潭边，把手枪丢下泥潭，不给敌人留下战略物资。《前进报》登载了该事迹，题为《老虎山下的英雄》，后被延安的新华社向全国广播，介绍了黄友和他的"小鬼班"的光荣事迹。

9月，日军藤本大队同伪军第四十五师、第三十师，对路西进行"大扫荡"，试图消灭东江纵队主力。独立第三中队奉命打击广九线上的日伪军，配合路西的反"扫荡"。9月20日，独立第三中队趁日军后方空虚，炸掉日军石马桥据点，全歼了日军一个班。

香港沦陷后，日军将香港作为一个运输枢纽，大批军用物资都经过香港向各地输送。为开展对日军海上运输的战斗，东江纵队在大鹏半岛两侧成立了两支海上游击队：东侧一支是由刘培领导的护航大队发展起来的海上中队，中队长吴海，主要在澳头港外围活动；西侧一支由港九大队组织，中队长陈志贤，主要在大鹏湾活动。这两支队伍不断打击危害人民群众的日伪军和海匪，还威胁着日伪军的海上运输交通线。

1943年2月，海上中队4艘船只执行巡逻任务，在平洲海面与日军2艘炮艇交火，由于海上中队船只性能和火力差距

海上游击队队员在大鹏湾巡逻

悬殊，游击队只能撤退。海上中队停靠到平洲沙滩后，利用制高点对追击的日军炮艇进行激战，重创日军炮艇1艘和毙伤日军数人。三天后，日军出动5艘炮艇对大鹏湾进行报复性"扫荡"。海上中队在群众掩护下成功转移。7月间，海上中队侦悉一艘日本海军运输船正在大鹏湾岩角修理机器，海上中队出动5艘武装船，几分钟内全歼运输船上日军水兵，俘虏日军水兵7人，缴获船上所有武器和物资。

7月16日深夜，为打击占领马鞭岛的伪海军总队第四中队100多人，海上中队派遣3只小船、16个抗日战士夜袭伪军。经过激烈战斗，重创伪军船只并毙伤伪军数人，伪军中队长也被射杀，成功将伪军赶出马鞭岛。7月下旬，伪军试图再次攻占马鞭岛，海上中队通过武装船突袭敌船，成功击退伪军。10月上旬，4艘海上中队武装船夜间向停泊在大亚湾西岸鹿嘴的一艘日军运输船进攻，炸死日军水兵4人，烧毁运输船，夺取一船的烟草物资。

11月下旬，港九大队海上中队在欧锋带领下，在西贡以东果洲攻击日军机帆船，缴获一大批物资，解救了船上日军从潮汕强征的50多名苦工。

之后，海上中队不断袭击日伪军海上力量，破坏其运输船只，配合陆地游击队进攻顽军，这些都取得了较好的战果。特别是1944年5月，为与日伪军争夺大鹏湾海域控制权，护航大队和港九大队联合起来对日伪军进行猛烈进攻，并消灭日伪军组织的"海上挺进队"。后尽管日伪军多次进攻重夺大鹏湾海域控制权，但都以失败告终。从此，日伪军的运输船没有船舰护航，再也不敢向大鹏湾靠近。

据不完全统计，东江纵队海上部队共俘敌船43艘，击沉敌船7艘，俘虏日军36人，击毙日军52人，淹死日军40多人，俘虏伪军50多人，击毙伪军近百人，缴获大量军火和物资，使得大亚湾和大鹏湾成为东江纵队的内海，给陆地作战的抗日部队有力的支撑。

（二）土洋会议

1944年7月6日，中共南方工作委员会书记方方等人向中央书记处书记任弼时报告南方抗日游击战争的情况，提出要争取建立南方新的根据地和新的武装，建议分

东江纵队司令部旧址，位于深圳龙岗区葵涌镇土洋村，原为意大利式天主教堂

两部向粤北及中路发展，避免局限于广九路两旁发展。7月15日，中共中央军委就华南根据地工作给曾生、冯白驹等人发来指示，内容如下：

曾（生）、王（作尧）、林（平）同志并告东江纵队全体指战员。冯白驹同志并告海南岛人民抗日军全体指战员：

自广州沦陷，迄今六年，你们全体指战员在华南沦陷区组织和发展了敌后抗战的人民军队和民主政权，至今天已成为广东人民解放的旗帜，使我党在华南政治影响和作用日益提高，并成为敌后三大战场之一。

抗战进入了第八年度，国际环境对于我国伟大民族解放战争的最后胜利是空前有利。

我八路军、新四军七年来不仅坚持和巩固了华北华中敌后根据地和团结了敌后八千六百余万的人民和二百一十万的民兵并拥有四十七万的正规军，克服了一九四一及一九四二两年最困难时期，而且年来在地区和人口上均有极大的发展，冀东我军已挺进至热河、多伦、赤峰及辽宁之锦州一线。一年来党的十大政策在敌后各根据地获得伟大的成效，使全体根据地党政军民，在为着坚持根据地和准备对日反攻上空前的团结起来了。

　　总之，不论在欧洲战场，太平洋战场及中国敌后战场都是胜利的，只有国民党的正面战场，则处处失败，中原沦陷，长沙、耒阳相继弃守，现粤汉之敌，南北对进，已快会合，并有打通湘桂之企图，因此大块华南将沦为敌手，拯救华南人民的责任，不能希望国民党而要依靠我党及华南广大民众。因此，你们在华南的作用与责任，将日益增大。英美在太平洋上继续作战的胜利，一旦接近中国南方海岸，实行对日反攻时，则我华南根据地，将成为一支重要力量，可予盟国部队以直接的配合，并可能获得他们一部分帮助，为着迎接新的伟大任务，首先必须在思想上有充分准备。为此，必须更亲密团结自己的队伍，加紧整风，打通干部思想，坚持统战政策，加强与根据地人民的血肉联系，坚持原阵地，并力求继续发展，扩大武装部队，建立广大的与强固的根据地。

　　为使我们能及时了解你们的斗争情形，望随时将敌伪友及我部队根据地情形电告。

　　关于冯白驹同志领导下之琼崖抗日部队，因交通中断，此间已无法联络，望你们东江纵队多方设法派人赴该岛与该部取得联系，并建立电台通讯，使华南两大根据地有机的配合起来，并力求与中央取得电讯联络。此电请曾、王、林派人转送海南岛。

7月25日，中共中央两次来电，指示一旦日军打通豫湘桂铁路和粤汉铁路南段，华南将沦于敌手，广东党组织及其领导下的人民抗日武装的作用和责任将日益增大。如果英美盟军在太平洋上继续作战取得胜利，接近中国南方海岸，实行对日反攻，广东人民抗日武装将成为一支与盟军直接配合作战的重要力量。因此，广东人民抗日武装应本着开展敌后游击战争的方针加紧进行工作。

为贯彻落实中共中央的系列指示，1944年8月，中共广东省临委和军政委员会在土洋村东江纵队司令部召开联席会议，也就是"土洋会议"。参加这次会议的有中共东江特委、前后北江特委、珠江特委、中区特委等各路负责人。会议由省临委书记、军政委员会主任林平主持，梁广、曾生、连贯、王作尧、杨康华、罗范群等人参加，各地区负责人也列席了会议。会议深入讨论了党中央的指示，分析了广东和东江地区的斗争形势，并根据党中央指示精神，在军事工作、政治工作、政权、财政经济、大城市工作以及恢复和加强地方党组织的活动等方面，都做出了重要的决定。

在军事工作方面，会议作出6项决定，包括东江纵队首先应创立罗浮山以北，翁源以南，东江、北江之间的抗日根据地，并向东江、韩江之间（潮汕在内）伸展。然后，准备向闽粤边、粤赣湘边、粤桂湘边开展工作，取得对广州的包围之势，将来会合于粤桂湘边；大力发展武装，扩大部队；建立支队编制，下辖3个大队等。

这次会议的基本精神是在广东全省范围内放手发动群众，武装群众，开展敌后抗日游击战争，创建新的抗日根据地，发展游击区，把华南敌后抗日游击战争推向一个全面发展的时期。

根据土洋会议的决定，1944年9月，东江纵队决定将部队整编为3个支队和4个大队。

第一支队以东莞大队、宝安大队和第三大队一部为基础组建，分布在广九铁路以西，东江河以南，珠江以东，南头、深圳一线以北，支队长卢伟良，政委陈达明；第二支队以惠阳大队、铁东大队、独立第三中队、惠阳自卫大队和港九大队一部为基础组建，分布在广九铁路以东，东江河以南，惠淡公路以西，大鹏湾以北，支队长蔡国梁，政委张持平；第三支队以第五大队为基础扩建，随东江纵队司令部驻惠宝交界，支队长彭沃，政委陈志强。

独立第一大队（即港九大队）在大队长蔡国梁、政委陈达明领导下，主要活动区域为香港、九龙、新界及其附近海域；独立第二大队在大队长邱特、政委李筱峰领导下，主要活动区域为增城西南及广州市近郊；独立第三大队在大队长阮海天、政委韩继元领导下，主要活动区域为增城、从化、博罗边界；独立第四大队（即护航大队）在大队长刘培、政委曾源领导下，主要活动区域为大鹏湾、大亚湾、惠阳、海丰交界的平海、稔山等沿海地区。

经过整编，广东各路抗日武装开始在外线向西、向北、向东发展。

东江纵队担负北进和东移的战略任务。为更好地执行任务，东江纵队决定派遣一支精干的部队——广东人民抗日游击队东江纵队北上抗日先锋队，从东江向粤北挺进，择机创建以罗浮山为中心的抗日根据地。为避免北上受到日伪军和顽军的干扰，北上抗日先锋队机构从简，仅设秘书、参谋数人，行军路线在日伪军和国民党军队接壤的缓冲地带。

北上抗日先锋队很快渡过东江河，越过广汕公路，到达罗浮山地区。经过一段时间的昼伏夜行，北上抗日先锋队没有发现敌军，因此部队继续向西北前进，准备与独立第二大队会合。

独立第二大队成立以来，一直积极向日伪军进攻。1944年2月，在石滩圩全歼伪警察所和伪联防队。3月，全歼铁场伪警察第二中队，俘虏中队长及以下70多人，并缴获长短枪

60多支。同月，在东江岸与日军激战一个多小时，毙伤日军10多人，之后，在上下南地区又毙伤日军援军20多人，其中击毙19人。紧接着，粉碎日军200多人的进犯，激战三天，毙伤日军达100人，其中有大队长木下少佐。5月中旬，在雅瑶全歼当地伪军一个连和伪警察所。7月，突袭广州郊区龙眼洞伪军第三十师的一个连，击毙连长，俘敌60多人，缴获长短枪60多支。这一仗影响很大，延安的新华广播还播发了龙眼洞战斗胜利的消息。7月26日，在广增公路大桥头梅园歼灭伪军一个小分队。8月18日，在均和圩歼灭伪联防队和乡公所。独立第二大队在不断取得战斗胜利的同时，也不断发展壮大，从一个中队发展到3个中队和1个短枪队，还有3个脱产的自卫队，活动区域扩大为东起增江以东，西至广州沙河，南到东江河，北至增城和从化的太平场，有时还向花都、清远延伸。增城抗日游击战争战果丰硕，并且成立了增城县水和区抗日民主政府。

1944年7月，东江纵队派韩继元、赖祥领导的司令部警卫中队和港九大队一个小队，进入罗浮山西南、增江河以东地区，在那里与第三大队曾文率领的一个中队会合，组建独立第三大队，大队长阮海天，政委韩继元，副大队长赖祥。

北上抗日先锋队在增城的福和与独立第二大队会合，

同时，独立第二大队派出陆仲享中队，由政委李筱峰带领，配合北上抗日先锋队的进军。8月23日，两支队伍打响了北上的第一仗，在从化神岗圩与征粮的日军交火，击毙日军数人，取得战斗胜利。9月2日，部队进入从化银村、石连、丁坑一带，与驻从化、新丰一带的国民党军第六十五军的一个团、两个县的伪自卫团遭遇，经过一天激战，打退了顽军的进攻。9月9日晚，部队渡过北江河，兵分两路突袭清远城，日军经过一阵抵抗就放弃了。9月10日，北上抗日先锋队解放了清远县城。之后，部队到达龙塘附近的神石，遭到日伪军攻击，经过一天的战斗，虽然重创了日伪军，但是北上抗日先锋队也受到很大损失，其中中队长屠启元带领战士掩护主力突围时，几乎全队牺牲。

北上抗日先锋队与独立第二大队在探明日伪军的作息规律后，袭击新塘不远的火车站，歼灭新塘车站的伪军一个连，俘日军站长阿南中佐、两个军曹及伪军连长以下30余人。之后，击退紧追不舍的近千名伪军，迫使其退守新塘。后来，经过革命教育后，阿南参加了日本人民反战大联盟，日本投降后，阿南回到日本做了很多维护中日友好关系的事情。

1944年11月上旬，邬强建议东江纵队司令部组织部队北进。为加强领导粤北敌后人民的抗日战争，东江纵队领导中心开始准备转移到罗浮山地区。罗浮山地区处于博罗、龙门、增城交界，距离广州只有100公里，并且山脉众多，在战斗中可以进行回旋。为了这个战略目标，1944年，谢阳光、卢克敏率领铁东大队打下了东江河南岸企石一带的地区。1944年7月成立的独立第三大队已经在博罗一带活动，还有北上抗日先锋队、独立第二大队和新成立的第四支队、第五支队及第二支队一部，打通了东江南北两岸的交通路线。因此，中共广东省临委马上决定，领导机关迁往罗浮山，广东抗日游击队珠江、中区部队执行西进任务，东江纵队部分主力执行东进和北征任务，配合八路军、新四军对日军发起春季攻势。

在增城、博罗地区，以独立第二大队为基础组建第四支队，支队长兼政委蔡国梁；第五支队以护航大队、惠阳大队和第二支队、大亚湾人民抗日自卫总队各一部组建，支队长刘培，政委饶璜湘。第五支队组建后，奉命北上东江上游紫金、河源地区，配合中共东江后方特委领导的武装开展紫五河龙边地区的抗日战争，并开辟东江上游游击基地，与罗浮山抗日根据地形成呼应。后因日伪军未占领东江上游各县，任务撤销，第五支队返回惠阳待命。

北江支队以北上抗日先锋队为基础，支队长邬强，政委李东明。西北支队从各部队抽调组建，支队长蔡国梁，政委邓楚白。两个支队共同进入粤北地区，建立北江抗日根据地。

根据中共中央指示精神，东江纵队总部要求，部队离开东江后不打东江纵队旗号，而称"广东人民抗日游击队北江支队"和"广东人民抗日游击队西北支队"，建立政权也不用政府名义，而用组织的名义代称。

1945年2月，王作尧和杨康华带领的北江支队、西北支队、第五支队和东江军政干部学校等，进入罗浮山以南的长宁乡和以东的横河乡一带。同时，新组建的独立第一大队也进入了博罗、河源地区，很快在古岭地区建立古岭大队。随后，这些队伍在罗浮山地区开展对日伪军和顽军的战斗，扩大以罗浮山为中心的抗日根据地。

经过三个月的战斗，除县城外，博罗全境以及罗浮山周围的增城、龙门地区被牢牢掌握在东江纵队手中，东江南北两岸的抗日根据地连成一片。1945年5月下旬，中共广东省临委和东江纵队领导机关及其直属队伍进入罗浮山抗日根据地，一直持续到日本投降，这里也成为华南抗日游击战争的指挥中心。

此外，东江纵队积极与世界反法西斯盟军合作，根据中共中央指示，特设联络处，袁庚为处长，不仅营救了不少美国"飞虎队"队员，还传递了大量有价值的情报给盟军，积极配合盟军的反攻和登陆，为世界反法西斯战争作出了卓越贡献。

（三）珠江纵队和粤中抗日解放军的建立及其战斗

1943年年初，乌蛟腾会议后，中共广东省临委和军政委员会根据周恩来关于"领导游击区及秘密党的组织和人均须区分开"的指示，决定珠江敌后实行部队与地方党组织分开，成立南番中顺游击区指挥部，对外不公开，专门负责军事工作。林锵云任指挥，罗范群任政委，谢立全任副指挥，谢斌任副指挥兼参谋长，刘向东任政治部主任。地方党组织领导机构也做出调整，撤销中共南番中顺中心县委，成立中共南番中顺临时工作委员会（简称"南番中顺临工委"）。书记罗范群，主要负责部队工作；副书记陈翔南，主持南番中顺临工委日常工作；委员谢创。南番中顺临工委机关设在禺南。南番中顺游击区指挥部领导活动于南海、番禺、中山、顺德县的人民抗日武装，内设党的总支委员会，书记严尚民，负责南番顺地区部队党的工作；副书记梁奇达，负责中山地区部队党的工作。南番中顺临工委领导南海、番禺、中山、顺德县地方党组织，设特派员制，采取单线联系，不发生横向关系。

由于日军忙于太平洋战争，珠江三角洲的驻扎日军主要是第一〇四师团大部和独立混成第二十二旅，重点驻守广州、佛山、黄埔、新造、九江、大良、江门、小榄、石岐、唐家、斗门等地。伪军第二十师2个旅6个团约4000人驻番禺、顺德，伪军第三十师3个旅6个团约4300人驻新会、中山，伪军独立第二旅约3000人驻中山，这些伪军由伪广东绥靖公署陈耀祖指挥。

五桂山抗日根据地依托五桂山不断打击日伪军。在三乡地区伪军驻有伪警察中队、伪联防中队和一个密侦队，伪军大队长郑东镇（外号"飞天鸭"）。游击队谢立全、欧初、谭桂明带领队员兵分四路进攻"飞天鸭"的伪军，不到半小时，全歼了伪军，还活捉

珠江纵队在五桂山整装待发

了"飞天鸭"。

日军为了巩固中山一带的统治，决定集中兵力"扫荡"五桂山抗日根据地。1943年夏，日军调来全部日军装备的汪精卫最精锐的嫡系部队伪军第四十三师，向五桂山进攻。6月，南番中顺游击区指挥部做出紧急部署，机关干部和勤务人员撤离五桂山，主力迎击伪军。经过几次战斗，日军和伪军都遭到失败，于是改变战略，实行"分割蚕食、步步为营、长期驻剿"的阴谋。

为适应当前抗日战争形势，中山境内的抗日游击队马上进行整编。中山第八区抗日游击大队归指挥部领导，陈中坚任大队长，唐健任政委，黄志任政训室主任，全大队有170余人，编为2个中队、5个小队。中山第九区的梁博维大队也隶属于指挥部。

中山第二区、第九区等地的秘密武装整编为公开的中山人民抗日义勇大队，1944年1月1日正式成立，大队长欧初，政委谭桂明，共有350多人。1月下旬，罗章友调任大队长，欧初调任政委，后黄鞅任大队长。

1944年3月，隶属于指挥部的逸仙大队正式成立，大队长兼政委谭桂明，下辖民族队、民权队、民生队3个中队。

这时，日军抽调精锐部队1000余人和伪第四十三师、伪第三十师、李塱鸡的5个伪护沙大队共8000多人，准备"十路围攻""扫荡"珠江三角洲，重点是五桂山抗日根据地。指挥部根据五桂山游击区主力只有500余人的现实情况，决定集中兵力打石莹桥一路的日伪军，采取"麻雀战"的方式与其余路日伪军周旋。双方激战三天，大队长黄鞅壮烈牺牲，但是最终粉碎了日军的"扫荡"。

1944年7月3日，日伪军从江门、广州等地抽调1000多名日军和军马100多匹，再次向五桂山抗日根据地进攻，指挥部获得情报后，集结队伍利用有利地形分头防守阵地。从7月4日凌晨开始一直战斗到黄昏，抗日游击队多次击退进犯日军，击毙日军七八十人，击伤多人，最终将日军赶出五桂山地区。在战斗中，人民抗日武装中队长唐仕锋等8人不幸牺牲。

指挥部还派遣卢少彬到珠江口岸一带活动，建立了一支海上游击队，命名为"海鹰队"。这支队伍控制了珠江口岸部分水域，保障了指挥部和东江纵队的联系。

话分两头，1944年2月初，指挥部派遣谢立全到禺南，与番顺地区的抗日武装领导人严尚民、郑少康、卫国尧等人统一指挥当地抗日部队，在禺南地区打击日伪军，向顺德发展。

大汉奸卫金华、卫金允等十兄弟长期盘踞番禺沥滘地区，号称"十老虎"，他们组织起伪联防队，卫金华当队长，在广州沦陷后依靠日军为非作歹，长期祸害百姓。后来，卫金华得到日本特务机构赏识，到广州当了密探队队长，卫金允就接任伪联防队队长一职。为了拔掉这颗祸害人民群众的毒钉子，游击队卫国尧利用与"十老虎"同乡的关系，摸清了"十老虎"活动的规律，在"十老虎"清明节去给祖先扫墓的路上，将"十老虎"中的8个人活捉并予以枪决。

日伪军因为"八老虎"被处决，恼羞成怒，对禺南地区进行一个多月的报复性"扫荡"，但基本上都被当地的抗日游击队粉碎。游击队在战斗中不仅歼灭了数百伪军，还活捉了伪区长冼尧甫，老百姓称之为"冼尿布"，取得了较大战果。

此后，游击队筹划进攻李塱鸡的巢穴，即市桥地区。市桥驻有日军300多人和伪警察队、伪联防总队、伪护沙总队等2000多人，是珠江三角洲地区日伪军的重要据点之一。卢德耀经过一个多月的反复侦查，知晓日伪军的主力及其活动规律。紧接着，根据敌情和地形情况，游击队和民兵分两路偷袭这里的日伪军。经过一天的战斗，陈胜、黄江平、卢德耀、郑少康、冯剑青、何达生、戴邈带领的部队直捣李塱鸡的大本营，"市桥皇帝"李塱鸡在梦中被枪炮声惊醒，仓皇逃跑。后日军调集军队支援之时，游击队已经撤离。这次战斗基本消灭了李塱鸡的主力，日本人认为李塱鸡也失去了利用价值，就调离他去南京工作。但李塱鸡巴结上汪精卫夫人陈璧君，后又返回珠江三角洲当护沙队队长。新中国成立后，李塱鸡被人民政府处以死刑。

1944年7月上旬，禺南大队改编为广游二支队新编第二大队，大队长卫国尧，政委郑少康，副大队长卢德耀。几天后，顺德大队改编为广游二支队第五大队，大队长陈胜，政委黄友涯。这两支队伍随即投入抗日战斗。7月25日，新编第二大队250多名战士在卫国尧、郑少康、卢德耀的带领下，准备第二次袭击市桥。在这次袭击战中，不少战士都倒在血泊里，大队长卫国尧也不幸中弹，他最后发出指令，"一定要……掩护政委他们撤……"，话音未落，壮烈牺牲。日伪军不断对游击队进行反扑，但都被新编第二大队打退。经过一天的战斗，新编第二大队打退了日伪军十四五次的进攻，毙伤近百名日伪军，同时何达生还击毙了一名日军大佐联队长，之后日伪军才灰溜溜逃窜回去。

9月下旬，南番中顺游击区指挥部在五桂山槟榔山村召开会议，林锵云、罗范群、谢立全、谢斌、刘田夫、刘向东、严尚民以及珠江西江粤中地区地方党组织的负责人参加会议。罗范群在会上传达了中共中央的指示和土洋会议的精神，宣布成立广东人民抗日游击队中区纵队。

10月1日，中区纵队正式成立，司令员林锵云，政委罗范群，副司令员谢立全，参谋长谢斌，政治部主任刘田夫，政治部副主任刘向东。中区纵队下辖第一支队、第二支队、挺进粤中主力大队、中山第八区抗日游击大队、新鹤大队、南三大队和雄狮中队，共2700多人。其中，第一支队下辖9个中队、梁伯雄大队和第九区大队，第二支队下辖番禺大队和顺德大队。

根据中共中央创建五岭根据地的战略方针，会议决定由南番中顺游击区指挥部领导人和机关率领一部分部队挺进粤中，进而向西江、粤桂边及南路发展；一部分部队留守珠江三角洲继续战斗。

挺进粤中的部队由三个梯队组成：第一梯队由陈中坚、赵彬、李进阶率领，挺进台山、开平、恩平等地；第二梯队由林锵云、罗范群、谢立全、谢斌等人率领，挺进新会、鹤山、高明等地；第三梯队从南海、顺德、番禺等地抽调部队组成，随时待命予以跟进。

梁嘉、刘向东率领欧初、罗章友、梁奇达、杨子江、郑少康、邝明、叶向荣、陈胜、李群等人的第一支队、第二支队和南三大队，留在珠江三角洲继续战斗，配合中区纵队领导机关和主力大队挺进粤中。

广东中区包括广东省中部的高明、鹤山、新会、开平、台山、恩平、阳江、阳春、罗定、云浮、高要、新兴等县，人口约600万人。

在台山，按照指挥部部署，由李进阶、赵彬、林兴华领导的中山第八区抗日游击大队进入台山地区迎接主力部队挺进粤中。1944年10月1日，部队到达浮石后宣布成立台山第三区抗日联防大队，并准备攻打台城。经过近10天的准备，第三区抗日联防大队联合友军赵其林所属的赵仕浓、钟淡如等部，共同攻打台城的日伪军。经过一天的战斗，台城被攻占。后为保存实力，第三区联防大队撤回新会、台山交界处的曲古兜山区，与挺进粤中的第一梯队的陈中坚部会合。12月，第三区抗日联防大队和陈中坚率领的部队合并，正式成立台山人民抗日游击队第四大队。

在新会及鹤山一带，在大队长兼政委陈明江和副大队长黄国明率领下的新鹤人民抗日游击大队，不断袭击驻新会大泽的国民党军第七团第三营据点、驻鹤山石塘村的伪侦察队和开平水井税站、伪警察所和伪乡公所，为主力大队挺进粤中扫除障碍。

在高明，10月成立高明人民抗日游击队第三大队，大队长黄仕聪、政委郑锦波、副大队长沈鸿光、参谋长劳光，为主力大队挺进粤中做好相关工作。

在三支队伍的呼应下，中区纵队主力部队经过详细考量，决定选择中路挺进粤中。10月22日夜晚，主力部队经过中山海洲，过新会荷塘，从塔岗渡口渡过西江。

粤中是国民党广东军阀的大后方，国民党军队知晓抗日部队进入新会鹤山一带，马上调集第六十四军第一五六师、第一五八师、第一五九师向粤中挺进部队进攻。根据当时顽军力量几十倍于粤中挺进部队的情况，粤中挺进部队党委会议决定，由卢德耀、陈江带领新鹤大队留守新会、江门一带，坚持斗争；陈中坚、赵彬、李进阶率领部队突出重围，摆脱李江部队的追击，进入台山、开平等地；林锵云、罗范群、谢立全、谢斌、刘田夫等人率领黄江、谭桂明的部队与高明县黄仕聪、郑锦波的部队会合，挺进皂幕山和老香山，控制这一带。

11月中下旬，虽然高明人民抗日游击队第三大队和中区纵队主力大队打退了高要县反动团队会合顽军"挺五"纵队一部，但是其他顽军仍步步紧逼皂幕山区。根据情报，中区纵队领导决定先发制人，抢在顽军进攻之前袭击驻金岗的"挺三"据点，打乱顽军部署，争取战斗主动地位。在进攻路程中，争取了顽军"挺三"特务营的一个中队投诚，这支队伍是由亲共的秦炳南领导。11月28日，中区纵队袭击金岗顽军，捣毁顽军"挺三"纵队司令部，打乱了顽军进攻部署，缓和了中区纵队面临的严峻局面。战斗结束后，秦炳南部队整编为中区纵队主力大队，秦炳南为副大队长。

根据中共中央指示，1944年11月11日，中共广东省临委、东江军政委员会再次召开联席会议，讨论广东人民抗日斗争向西发展的问题，重点是发展珠江三角洲、中区两地人民抗日武装和敌后游击战争等事宜。会议认为挺进粤中部队离珠江三角洲过远，不利于挺进粤中部队对珠江三角洲的抗日斗争，因此决定要分开领导，适应新的战略部署。12月上旬，中区纵队和珠江、粤中、西江地区党的负责人在鹤山县宅梧村召开会议。会议决定撤销中区纵队建制，将驻粤中部队和珠江地区部队分开，粤中的部队采用"广东人民抗日解放军"的番号，珠江三角洲的部队采用"广东人民抗日游击队珠江纵队"番号，统一由中共广东省临委、东江军政委员会直接领导，林锵云和谢斌回珠江纵队工作，东江纵队的梁鸿钧和周伯明分别调到粤中部队和珠江纵队工作。

1945年1月15日，留守珠江地区的部队正式成立广东人民抗日游击队珠江纵队（简称"珠江纵队"）。司令员林锵云，政委梁嘉，副司令员谢斌，参谋长周伯明，政治部主任刘向东。珠江纵队下辖2个支队和1个独立大队。中山县的部队为第一支队，支队长欧初，政委梁奇达，副支队长罗章友，政治处主任杨子江；番顺地区的部队为第二支队，支队长郑少康，政委邝明，政治处主任黄友涯；南三边区的部队为独立第三大队，大队长冯光，政委梅易辰。珠江纵队共1752人，轻重机枪53挺，步枪1162支，短枪326支，炮1门，掷弹筒2具。

珠江纵队经过不断发展，已经有3000多人，民兵5000多人，实力大大增强。1945年2月27日，第一支队在周伯明、欧初、罗章友的领导下，袭击神湾曾添裕伪联防大队队部。3月18日夜，第一支队兵分两路袭击驻前山、古鹤的伪军，全歼前山伪联防特务中队和古鹤伪第五区区属郑屈中队。

1945年1月，第二支队番禺大队奇袭伪军军械厂，后撤出战斗。2月23日，番禺大队进攻伪军军垦大队，俘虏队长区忠宪等66人，缴获轻机枪8挺、长短枪65支、子弹4000余发及物资一批，收复石壁乡。

1945年2月6日，独立第三大队夜袭官窑的伪军，全歼伪警察队和伪警署人员。不久，又缴

珠江纵队司令部活动旧址，中山市五桂山区南桥村槟榔山14号，原为古氏宗祠

获枪弹一批，耕牛30多头，粮食绸缎一大批。2月20日起，用了六天五夜粉碎日伪军2000余人在沙头的"扫荡"，毙伤日军30余人、伪军40余人。

珠江纵队在挺进西江之际，遭遇日伪军共7000余人，这支由驻广州日伪军第四十三师、伪护沙总队、番禺县伪警察队组成的队伍从3月31日起开始对禺南地区进行大规模的"万人扫荡"。珠江纵队第二支队在民兵配合下，采取伏击战、"麻雀战"等方式打击日伪军。这场反"扫荡"战斗持续了20多天，歼灭日伪军130多人，第二支队牺牲6人，民兵牺牲60多人，最终取得了反"扫荡"战斗的胜利。在珠江纵队挺近西江之时，日军1000多人、伪军第四十二师2000多人和"曲线救国军"1000多人，兵分六路向五桂山根据地进

攻，驻成家、坦洲的日伪军3000多人向凤凰山地区进攻。珠江纵队第一支队在周伯明领导下，采取灵活战术与日伪军进行周旋，共毙伤日伪军90余人，粉碎了日伪军的"扫荡"。之后，由于五桂山根据地条件日益严峻，周伯明带领珠江纵队第一支队转移到东江地区，后来编入东江纵队，执行挺进粤北的任务。

话分两头，1945年1月20日，以挺进粤中部队为基础，正式成立广东人民抗日解放军（亦称为粤中抗日解放军），司令员梁鸿钧，政委罗范群，副司令员谢立全，政治部主任刘田夫，部队达2000人。下辖4个团和1个独立营。原挺进粤中主力大队整编为第一团，团长黄江平，政委谭桂明；原新鹤人民抗日游击队第二大队整编为第二团，团长卢德耀，政委陈明江；原高明人民抗日游击队第三大队整编为第三团，团长黄仕聪，政委郑锦波；原台山人民抗日游击队第四大队改编为第四团，团长陈中坚，政委李进阶；独立营营长黄国明，政委李超。

广东人民抗日解放军的成立标志着广东中区人民有了自己独立自主的抗日武装，也为争取中区抗日战争的伟大胜利奠定了基础。

广东人民抗日解放军刚成立，国民党第七战区第三十五

广东人民抗日解放军司令部旧址——鹤山宅梧镇靖村从新下村

集团西江南路指挥所就命令驻中区的顽军集结兵力1万人，向皂幕山和老香山一带的广东人民抗日解放军进攻。由于中区的抗日游击队在与日伪军、顽军的战斗中一直取得胜利，使得这次面临顽军的进攻产生了一定的轻敌情绪。1945年1月底，顽军第一五八师第四七三团1000人向高明进犯，广东人民抗日解放军误以为顽军只有一个营，只派第一团副团长秦炳南率领200人在谢立全指挥下进行战斗，结果解放军18人牺牲，秦炳南等10人被俘并惨遭杀害，这是广东人民抗日解放军挺进粤中的第一次受挫。2月22日，粤中部队继续西进，执行党中央下达的配合中央南下部队创建五岭根据地的任务，在新兴县附近的焦山村，遭遇顽军第一五八师第四七三团的部队。经过激烈战斗，粤中部队突出重围，但是广东人民抗日解放军司令员梁鸿钧等59人壮烈牺牲，受伤50

多人，被俘70余人，两部电台被毁，部队受到严重挫折。

焦山战斗后，广东人民抗日解放军的领导机关及其主力第一团继续西进，向云雾山发展，第四团在台山南部配合主力伺机打击日伪军和顽军，第二团、第三团和独立营在新高鹤地区继续坚持战斗。之后，广东人民抗日解放军在云雾山站稳脚跟，由于受到很大损害，在当地进行休整。

1945年3月，广东人民抗日解放军领导机关在恩平县清湾涝洞召开会议。会议总结了西进以来的经验教训，统一了认识，明确未来的发展方向。3月中旬，在恩平清湾宣布成立广东人民抗日解放军第五团。接着，部队决定从主力团中抽调一部分兵力扩建为第六团，团长霍文，政委郑宏璋。3月底，主力团夜袭顽军恩平县中队，全俘该中队，缴获长短枪30余支，部队无一人伤亡。4月12日，打退顽军对大窿洞的进攻。4月25日，第一、第四、第五和第六团主力夜袭春湾，歼灭顽军七八十人，缴获大量货币和物资。随后，广东人民抗日解放军又取得了几次对顽军战斗的胜利，巩固了广东中区的抗日根据地，建立起了中区和南路的交通联络。

（四）琼崖纵队的建立及其战斗

琼崖抗日武装经过艰苦战斗粉碎了日伪军的"蚕食"和

"扫荡"，1944年秋经过中共中央批准，琼崖特委将琼崖独立总队改为广东省琼崖游击队独立纵队（简称"琼崖独立纵队"）。冯白驹任司令员兼政委，庄田任副司令员，李振亚任参谋长，王白伦任政治部主任，陈石任政治部副主任，下辖4个支队。

第一支队支队长吴克之，政委林豪，副支队长陈武英，参谋长郑章，政治处主任黄一峰，下辖3个大队，兵力1000余人，主力向澄迈、临高山区发展。

第二支队支队长符振中，政委符荣鼎，副支队长云涌，参谋长陆和，政治处主任符树义，下辖3个大队，兵力800余人，主要在昌（江）感（恩）崖（县）乐（东）边界地区活动，逐步向白沙推进，策应第四支队行动。

第三支队支队长符哥洛，政委莫逊，副支队长林和平，参谋长符中权，政治处主任祝菊芬，下辖3个大队，兵力1000余人，主要在乐会、万宁一带活动。

第四支队支队长马白山，政委吴文龙，副支队长陈求光，参谋长谢凤池，政治处主任江田，下辖3个大队，兵力1000多人，主要在儋县、白沙地区活动。

虽然日军败局已定，但是琼岛的日军仍在垂死挣扎。1944年9月至10月间，日军发动"丫八"作战，对抗日根据地进行"扫荡"。冯白驹指示根据地军民向日军进行英勇反击。12月，中共琼崖特委指示全岛党政军民应在最近几个月做好反攻准备，全力以赴，取得最后胜利。此时，美军经常出动飞机在海南岛轰炸日军的战略设施。同时，在琼崖独立纵队的宣传工作下，不少被日军抓来的台湾籍日军起义投诚。不久，第一支队解放了琼山、文昌、澄迈三县一半的土地；第二支队在昌江、感恩地区解放了大片地区；第三支队解放了陵水、保亭、崖县三分之一的地区；第四支队在临高、儋县打击日伪军，不断扩大解放区。

（五）广东南路人民抗日解放军的建立及其战斗

日本打通大陆交通线后，紧接着爆发了桂柳会战，使得驻雷州湾的日军军力空虚，在广东南路地区的日军不足1000人。对于这样一个好时机，中共中央马上指示广东省临委和东江军政委员会，要求他们派遣得力干部，帮助南路特委书记周楠及当地党组织，发展地区的抗日武装。中共广东省临委和东江军政委员会立即派李筱峰、李进阶等团级干部赶赴南路地区，接着派林克武、李廉东、黎汉威等干部奔赴南路地区，为部队向西发展做准备。

广东南路指民国时期的广东省高州府六属、雷州府三属、钦廉四属和两阳，即茂名、信宜、电白、化县、吴川、廉江、遂溪、海康（今雷州市旧称）、徐闻、灵山、合浦、钦县、防城、阳江、阳春15个县和梅菉一个市。1943年2月，日军侵占广州湾地区（今广东省湛江市）和雷州半岛后，中共南路特委发动群众，组织抗日武装，进行游击战争。

此时，南路地区的抗日武装斗争正处于高潮时期。中共南路特委书记周楠在广州湾特委机关召集特委组织部部长、高州地区特派员温焯华、雷州特派员陈恩等主要干部开会。会议决定在遂溪沦陷区举行抗日武装起义，发展敌后武装斗争，之后依托遂溪向外围发展，进一步将武装斗争推向整个南路地区。

经过充分准备，遂溪抗日游击队解除了张德安率领的界炮伪联防中队的武装。1944年8月，部队改称为遂溪县人民抗日联防大队，马如杰任大队长，陈兆荣任政委，林杰任参谋，陈开濂任联防区主任，全队共200人，下辖3个中队。第一中队由老马、竹仔山、金围、斗仑等村的游击小组和原界炮联防队改编而成，中队长洪荣，指导员陈慎辉；第二中队由山家、豆坡、后田、龙湾仔等村的游击小组和原山家、豆坡乡的联防队改编而成，中队长郑世英，指导员李绍香；第三中队由山里村游击小组和深泥塘一带的部分常备队、自卫队改编而成，中队长李鸿基，指导员李晓农。不久，周楠指示，将这个大队改称为雷州人民抗日游击大队，由唐才猷任大队长。

雷州人民抗日游击大队成立后，当地的日伪军和顽军开始对其进行"围剿"。1944年8月13日，日军在遂（溪）廉（江）边地区对抗日游击大队发动三次进攻，游击大队为保存实力，转移到卜巢山一带，后又转向乐民、吾良、河头一带。10月，雷州特派员陈恩在吾良召开干部会议，决定将老马村起义部队和起义后各地的队伍进行整编成立雷州人民抗日游击队第一大队，大队长支仁山，政委唐多慧。全队200多人，下辖3个中队和1个政工队：第一中队中队长李鸿基，指导员李晓农；第二中队中队长王建涵，指导员庄梅寿；第三中队中队长李绍香，指导员肖汉辉；政工队队长陈兆荣。

部队整编后，第一大队南下海康、徐闻，争取建立徐闻山区根据地，力求与琼崖纵队取得联系；吾良整编后余下的100多人，由唐才猷等人率领，继续在遂溪战斗。随后，陈恩又将老马起义后的几个游击中队集中在金围村进行整编，成立雷州人民抗日游击队第二大队，大队长洪荣，政委王平，副大队长郑世英。全队约200人，下辖3个中队和1个政工队：第一中队中队长黄昌候，指导员李树德；第二中队中队长李炳发，指导员陈熙古；第三中队中队长李康绪，指导员沈潜；政工队队长廖华。同月，唐才猷、黄其江带领的吾良整编后的部队百余人到达杨柑，与东区抗日游击中队合编为雷州人民抗日游击队第三大队，共200余人，由唐才猷、黄其江负责领导。

同时，中共中央指示南路各级党组织要配合张炎的行动。张炎是国民党军官，自抗日战争以来一直支持中国共产党的工作。1944年广西会战前奉张发奎之命，以战区中将参议身份来到南路开展工作。张炎来到南路地区后，积极发动原第十九路军分散在雷州的部署，如化县县长庞成、县自卫总队副总队长文邵昌、抗日爱国军人詹式邦等人，组织家乡人民开展抗日保家卫国斗争。1945年1月13日，国民党军第一五五师第四六四团团长包围了化县自卫总队，杀害了文邵昌，并派兵去捕杀张炎。在此形势下，中共南路特委决定在吴川、化县、廉江、梅菉等地举行起义，张炎和詹式邦也当即决定起义，联合游击部队共同攻打吴川县城塘缀。1月14日，张炎带领700多人的队伍攻占塘缀，活捉国民党吴川县县长邓侠，并俘虏400余人。张炎起义部队在南路人民抗日游击队的配合下，迅速控制了吴川县全境。1月19日，张炎领导的起义部队改编为高雷人民抗日军，军长张炎，副军长詹式邦，下辖两个团，共800多人。

中共南路特委为了加强对部队的领导，于1945年1月19日在吴川县泮北村，以南路人民抗日游击队为基础，扩编为广东南路人民抗日解放军，周楠任司令员兼政治委员，李筱峰（即何维）任参谋长，温焯华任政治部主任。下辖两个支队和第三独立大队，共2000余人。

第一支队支队长唐才猷，政委陈恩，政治处主任黄其江。由雷州人民抗日游击队3个大队组成：第一大队大队长支仁山，政委唐多慧；第二大队大队长洪荣，政委沈潜；第三大队大队长郑世英，政委王平。

第二支队支队长黄景文，政委温焯华（兼），政治处主任邓麒彰。由吴（川）梅（菉）化（县）廉（江）边起义队伍组成，下辖4个大队：第一大队大队长兼政委林林；第二大队大队长陈汉雄，政委郭达辉；第三大队大队长陈以铁，政委王国强；第四大队大队长梁弘道，政委黄明德。

第三独立大队由化廉指挥部所属队伍组成，大队长兼政委陈醒亚，直属司令部指挥；另一部分组成一个大队，大队长罗明，属第二支队领导。

广东南路人民抗日解放军成立后，中共南路特委准备以吴川为中心，建立吴梅化廉边抗日根据地。由于获悉顽军准备进攻吴川的计划，决定改由南路人民抗日解放军联合高雷人民抗日军进攻高州，向信宜、罗定方向发展，准备打开粤桂边游击战争的局面。

1945年1月下旬，张炎的部队在化县中垌与南路人民抗日解放军商议，决定共同攻下廉江塘蓬后，在粤桂边建立抗日根据地。1月25日，第二支队主力打下化县中垌，与第一支队会合。1月27日，南路人民抗日解放军与张炎的部队配合打退顽军一个团，在中垌胜利会师。之后，国民党军队利用假象麻痹张炎。2月1日，国民党雷州挺进队、廉江县自卫大队和省保安大队1000多人进攻张炎的部队，张炎的部队难以进行有效反击而被打散。后张炎准备去与来到高州视察的李济深会合，但国民党却在博白境内英桥地区将张炎逮捕，后将张炎押往玉林专署。最后，张炎被蒋介石密令就地枪毙。

2月4日晚，南路人民抗日解放军在高山地区被顽军袭击，第二支队林林大队被打散，林林等数十人牺牲。第一支队洪荣大队、第二支队陈汉雄大队掩护主力撤退。经过一天的战斗，第二支队也被打散，使得南路人民抗日解放军遭受严重挫折。

2月5日，中共南路特委在廉江、博白地区的照镜岭召开紧急军事会议。会议决定从各队抽调800人组成主力部队，由参谋长李筱峰、支队长黄景文率领，向合浦县白石水地区开进，建立根据地，同时决定任命张世聪为第三支队支队长兼政委，返回白石水地区继续战斗。照镜岭会议后，主力部队于2月11日与合浦大队会合，后遭到顽军的进攻，洪荣大队被迫撤退，大队长洪荣等27人在渡江时被急流卷走全部牺牲。

3月底，李筱峰率领的第二支队撤回遂溪。4月下旬，黄景文率领第一支队撤回廉江地区。张世聪的部队于5月6日清晨遭到顽军进攻，张世聪、梁标等人壮烈牺牲。最终南路人民抗日解放军主力800多人向西撤到合灵地区，损失惨重，发展受到严重挫折，但部队仍然在坚持战斗。

（六）韩江纵队的建立及其战斗

1944年夏，随着日军主力打通粤汉线和湘桂线，闽粤地区很快也会成为战区，而这个时候潮梅和闽西南的党组织却不能与上级党组织取得联系。面对形势的急剧变化，在中共南方工作委员会联络员李碧山的联系下，潮梅和闽西南的党组织负责人林美南、朱曼平、魏金水等人开始主动恢复地区党组织的活动，积极准备抗日武装斗争。

1944年7月25日，中共中央在给东江纵队的电报中询问在潮汕附近有无开展游击战争的可能。经过几个月的努力，潮梅和闽西南的党组织派出的联络员吴坚终于与上级党组织取得联系。10月，中共中央批准潮汕恢复党的组织活动，建立抗日武装。李碧山、林美南、朱曼平、魏金水等人马上召开秘密会议，决定放手发动群众，根据抗日战争形势发展壮大抗日武装力量。

不久，侵汕日军打通了广汕线，立即向潮汕腹地发动进攻，国民党军第一八六师等军队败退兴梅地区，各县国民党当局纷纷逃亡。

经过一段时间的准备，1945年2月13日上午，李碧山主持了梅州地方抗日游击队韩江纵队成立大会，下辖两个支队。留守支队支队长王长胜，政委张全福；第二支队支队长古关贤，政委黄维礼，副队长蓝汉华。随后，韩江纵队相继成立第三支队、第四支队。李健华为第三支队支队长，胡伟为政委；邹子昭为第四支队支队长，何献群为政委。

1945年3月9日，以潮、普、惠、揭武装人员为主体的潮汕人民抗日游击队在普宁县白暮洋村正式宣告成立，共有200多人枪。林美南任党代表，王武任队长，曾广任政委。

11日晚，游击队开赴大南山的锡坑，在大窝村设立了司令部。13日，游击队公开发布《潮汕人民抗日游击队成立宣言》，阐明了游击队驱逐日寇、光复家乡的任务；团结一切抗日党派、抗日武装、抗日人民团体和一切不愿做奴隶的人们共同对敌的方针。

游击队在大南山站稳脚跟后，即组成两支突击队下山积极寻求战机，先后在普宁击毙伪维持会会长许泽新，在白马圩捕杀汉奸4人，在马栅村袭击小股日军，在德安大寨村活捉日军炮兵1人，在普宁县陈洞径伏击小队日军，毙伤其一部分，并缴获一批物资等。5月初，两支突击队分别袭击麒麟伪警察所和南径伪第四区署自卫班，共俘伪军官兵30多人，缴枪20多支。5月14日，游击队发布《告伪府伪军人员书》，开展攻心战，促使伪军政人员或弃暗投明，或收敛劣行。5月15日，游击队发布《为准备反攻驱逐日寇告潮汕同胞书》，号召潮汕爱国同胞立即组织武装起来，配合游击队杀敌卫乡，得到人民群众的热烈响应，积极参军参战。至5月底，潮汕人民抗日游击队发展到500多人，扩编为2个大队和1个警卫连。第一大队大队长汪硕，政委曾广；第二大队大队长杜民锋，政委林川。不久，游击队就开辟了以大南山北麓为中心的抗日游击根据地。

当潮汕人民抗日游击队在潮、普、惠、揭打击敌人时，几年来一直战斗在敌后的潮澄饶敌后抗日游击队也公开以"潮汕人民抗日游击队"的名义，奇袭日伪重要据点彩塘伪警察署、伪区署联防队和东凤伪警察所。彩塘是潮安县（今潮安区）一个大乡镇，地处潮汕铁路中段，驻有60多名伪军，是敌人一个重要据点。其南面7公里的庵埠镇设有日军警备司令部、北面6公里的鹤巢乡驻有伪联防大队，西面香炉峰驻有一股日军，东面则是护堤公路和韩江。打彩塘犹如虎口拔牙。1945年5月6日傍晚，潮澄饶敌后抗日游击队30余名队员化装乘船抵达彩塘后兵分两路，一路在许杰带领，直捣伪警察署，迅速解除了全部伪警的武装；一路在扮成伪和平军军官的李亮、蔡子明率领下直奔伪区署联防队，趁敌不备击毙了门卫，制服了室内大部分伪军。整个战斗只进行了10多分钟，共俘伪军警近60人，缴获枪支、弹药一批；游击队无一伤亡。6月19日清晨，潮澄饶敌后抗日游击队员化装成赶集农民，分成两路向东凤伪警察所和韩江堤上哨棚逼近。此时，伪警察所巡逻了一夜的外围哨兵以为平安无事，都已经撤回，游击队员冲进大门，将里面包括伪警察所所长和伪税务所所长在内的伪警尽数俘获。与此同时，另一路队员也以迅雷不及掩耳之势控制韩江渡口哨棚，俘敌28人，缴获武器和物资一批。随后，潮澄饶敌后抗日游击队在热闹的集市以"潮汕人民抗日游击队"的名义召开大会，处决伪警察所所长，烧毁伪税务所的簿籍收据，把没收的物资分给群众。行动结束后，游击队员换上伪警服，安全撤离，无一伤亡。

1945年6月初，中共潮汕地方组织主要负责人林美南在大南山抗日游击根据地内的普宁县陂沟村，召开了潮汕各地党组织和游击队主要领导人参加的会议。会上，林美南传达了中共广东省临委的重要决定：将潮汕人民抗日游击队扩编为广东人民抗日游击队韩江纵队。会议决定在韩江纵队之下组建3个支队：以潮澄饶敌后抗日游击队为主，会合揭阳梅北的人民抗日武装，在潮（阳）揭（阳）丰（顺）边界的小北山组建第一支队；潮、普、惠方面的潮汕人民抗日游击队改编为第二支队，以大南山为抗日游击根据地；以曾广、汪硕率领的独立大队为基础，在适当时机前往大北山，开辟以大北山为中心的游击区并成立第三支队。

6月底，广东人民抗日游击队韩江纵队（简称"韩江纵队"）在普宁县流沙圩宣告成立，同时公开宣布接受和拥护中国共产党的领导。这是潮汕党组织领导的人民抗日武装首次公开政治面目，引起各方面的巨大反响。林美南任韩江纵队党代表不久改任司令员兼政委，谢育才任军事顾问。与此同时，第二支队宣告成立。林川任支队长兼政委，杜民锋任副支队长，下设4个大队，全队有1000人枪，是韩江纵队的主力部队。

7月24日，潮汕地区抗战时期建立的第一个人民民主政权——普宁县流沙区民主政府正式宣布成立，并选举爱国人士张珂健为区长，共产党员刘斌为副区长。

8月初，第三支队在揭阳粗坑村成立，古关贤任支队长，曾广任政委，下设1个大队、3个中队，有350多人枪。8月13日，第四支队在居西溜村成立，周礼平任支队长兼政委，李亮任副支队长兼大队长，下设1个大队，有260多人枪。

至此，在日军入侵汕头时即成立的汕青游击队，经过六年多艰难曲折的斗争，到1945年公开亮出"潮汕人民抗日游击队"的旗帜大规模地开展抗日武装斗争，终于发展成一支近2000人的韩江纵队。在潮汕地区党组织的领导下，韩江纵队全体指战员以旧劣的武器装备、高昂的士气，英勇战斗在普宁、潮阳、惠来、南山、揭阳、丰顺、潮安、澄海、饶平，以及五华、陆丰、兴宁的部分边界地区，为驱逐日寇，收复潮汕地区，争取抗战的最后胜利作出了重要贡献。

五　华南抗战的胜利

日本发动"一号作战"后，武汉、长沙、衡阳、南宁相继失守，国民党军队豫湘桂战役的大溃败，使得中国整个抗战形势日益严峻，但同时，也使得华南抗日战争的地位凸显出来。中共中央开始加紧对华南抗战的战略部署，加强华南抗战的有生力量。不久，日本宣布无条件投降，华南抗战取得胜利，中国共产党为了整个民族的利益，倡导建立联合政府，同时与国民党签订《双十协定》和《关于停止国内冲突的命令和声明》，之后按照停战协议，华南抗日武装在中共中央的指示下胜利北撤，整个华南抗日战争正式宣告结束。

（一）中共中央布局华南

日军"一号作战"行动攻占了中国华中、华南大片领土，而华南抗日武装的力量也在不断壮大，由于中国共产党掌握了这样一支部队，再加上国内抗日战争局势的巨大变化，使得华南地区的抗日战争地位不断提升。1944年6月22日，八路军参谋长叶剑英在与中外记者谈话中，讲到敌后战场有三个，即华北、华中和华南。华北敌后战场的抗战者是八路军，华中敌后战场的抗战者是新四军，华南敌后战场的抗战者是中国共产党领导的游击队。

随着国内抗战形势的巨大变化，为了将抗日战争向有利于中共的方向发展，在延安枣园的毛泽东找来八路军第一二〇师第三五九旅旅长王震，开始进行战略布局。

毛泽东从国内外形势开始阐释党中央的战略部署，他认为：德日法西斯的灭亡已成定局，我们要考虑的是准备如何迎接胜利。一旦美军逼近日本沿海，日军在华南必然收缩兵力，我们要抓住这一有利时机，到日军的后面去收复失地，发动群众解放自己，建立抗日民族统一战线的民主政权。当前，我们的战略方针是巩固华北、华中，发展华南，就是要向河南、湖南、广东、广西、浙江发展。广东的东江纵队要向前发展，琼崖纵队要力争占领海南全岛并与东江纵队取得联系。由你们南下支队护送干部，挺进华南与东江纵队会合，开辟湘赣粤桂边的五岭抗日根据地，有力牵制国民党军队南方一翼，配合解放区的自卫战争，打败蒋介石，建设新中国。

毛泽东对王震等干部南征的前途作了分析，他认为有两种可能：第一是整个国际反法西斯战争，包括我们的抗日战争还要持续两三年，这段时间，你们在华南利用日伪和蒋顽之间的矛盾，放手发动群众，壮大抗日武装，巩固和发展抗日民主根据地；第二是国际反法西斯战争迅速胜利，日本很快投降，这个时候蒋介石肯定不会允许你们把这把刀子插到他的咽喉，你们孤军深入，处境会极其困难，甚至可能会全军覆没，但是你们要迎接这场严重斗争，发扬不怕牺牲、英勇奋斗的精神，争取光明的前途。如果出现这种情况，你们还能回到鄂豫边李先念同志那里，那也是一个很大的胜利。

王震接到指示后，马上开展第三五九旅南下的准备工作。随后，中共中央军委决定将第三五九旅留在延安的部队组成八路军游击第二支队；将延安警备第一旅的一部组成八路军游击第三支队，以文年生为司令、雷经天为政委，第三支队共6000人，作为南下第二梯队，随时准备出发。

1944年11月23日，毛泽东在中共六届七中全会主席团会议上指出：可以调一些人到广西、广东去，中国的国土蒋介石丢到哪里，我们就到哪里。

（二）挺进粤北

在罗浮山地区，1945年5月，东江纵队将顽军赶出博罗县，成立了博罗县抗日民主政府。罗浮山抗日根据地稳固下来，广东抗日形势发展一片大好。

　　为统一领导广东的党政军民工作，中共中央决定将中共广东省临委和东江军政委员会合并为广东区党委，并于6月16日向广东区党委发布了周恩来起草的关于华南战略方针的启示。7月6日至22日，为贯彻中共七大精神和中共中央的指示，广东省临委在罗浮山冲虚古观召开扩大干部会议。出席会议的有省临委委员、东江军政委员会委员、各特委领导人、各纵队负责人以及东江纵队各支队代表等。海南岛、南路和粤中的代表团因交通阻隔未能参加罗浮山会议。

　　会议期间，中共中央军委给广东区党委发来电报，再次强调华南工作的重要性，要求广东抗日武装迎接王震、王首道率领的南下部队。根据中央指示，会议决定撤销中共广东省临委和东江军政委员会，成立中共广东区党委，林平为书记。同时，会议决定广东区党委马上组织队伍北上创立战略根据地。

　　7月下旬，根据罗浮山会议的决定，分三批北上创立根据地：第一批由林锵云、王作尧、杨康华率领东江纵队第五支队等1200多人，与珠江纵队一部分北上；第二批以东江纵队第三支队为主的1000多人在一个月后北上；第三批由林平、曾生率领1000多人在三个月后北上。同时，决定由珠江纵队抽调600人会同东江纵队西北支队向粤桂湘边挺进，将南路和粤中打通后，抽调一个团的兵力增加到粤桂湘边。

1944年11月9日，王震、王首道带领八路军南下支队从延安出发，于1945年1月27日在鄂豫皖抗日根据地大悟山区与新四军会师。经过短期休整，南下支队继续南进，由于受到国民党军队的阻挠，南下支队在湘鄂赣边建立了抗日根据地。

由于时间很紧，南下支队的任务没有取得较大进展，毛泽东不断发来电报，要求王震率领主力在三个月左右的时间到达湘粤边地区。南下支队接到电报后，立即作出决定，集结主力部队迅速南下至湘粤边与广东抗日部队会合。南下支队在南下过程中不断受到国民党军队的阻挠，路途充满艰难险阻，但南下支队克服重重困难，向粤北急速进军。

毛泽东在向王震的部队发出指示的同时，也向广东区党委发出电报，1945年8月4日的电报中，毛泽东要求广东区党委半年内完成部署，完成北上与南下支队会师的任务。

广东区党委接到电报，迅速行动，命令北江支队和独立第一大队立即北上，但是独立第一大队和北江支队都没有电台，因此没有立即北上。于是，广东区党委决定电令西北支队撤出清远，北渡小北江，北上与八路军南下支队会师。西北支队接到命令后立即集结队伍北上，但在渡过小北江后遭到英德、乳源两县众多地方武装围堵，最终寡不敌众折回大镇圩休整。8月11日，广东区党委接到周恩来的电报，要求北上。东江纵队司令部再次急电西北支队，要求其急速北上。西北支队接到电报后马上北上，但是部队到达大镇后，与纵队司令部无线电联系中断，后支队长蔡国梁率一个中队南下东江。其余部队由政委邓楚白率领，于8月底到达鱼湾附近，与北江支队、独立第一大队和珠江纵队第二支队支队长郑少康率领的"南三队"会合。各支队在倒洞召开会议，决定由李东明、郑少康、邓楚白率领西北支队、"南三队"、独立第一大队和北江支队的一个中队继续北上始兴、南雄。但是北上部队受到顽军一个团进攻，直到9月上旬才摆脱顽军到达瑶山，错失了与八路军南下支队取得联系的宝贵时机。

8月15日黄昏，第一批北上主力部队正式出发向粤北进军。8月中旬，珠江纵队在西江和南三地区的部队接到广东区党委北上的命令，随即紧急动员挺进粤桂湘边。8月23日，珠江纵队独立第三大队和第一支队一部共500人由郑少康、梅易辰带领，沿北江北上。广东南路人民抗日解放军和广东人民抗日解放军统一后，也抽调一个团北渡西江，增强创建五岭根据地的力量。

后由于国内国际形势急剧变化，中共广东区党委指示所属北上部队就地坚持战斗，没有北上的部队留在原地继续战斗。

（三）全面反攻与抗战胜利

广东南路人民抗日解放军遭受挫折后，中共南路特委和南路人民抗日解放军主要领导人马上召开会议，分析遭遇挫折的原因，并根据当前局势重新布置南路地区廉江、吴梅化廉边、雷州半岛的各项工作，分别由廉江特派员莫怀、化县特派员陈醒亚、第一支队支队长唐才猷、政治部主任黄其江和支队政委陈恩等人负责。随后，中共南路特委书记周楠等人返回遂溪，主持召开领导干部会议，总结武装起义教训，整顿现有武装部队，决定未有起义的地方停止起义，已经起义的由各县党组织收集队伍返回原地，恢复地方党的建设，依靠当地群众，开展敌后游击战争，有条件的地方建立抗日民主政权，继续扩大武装队伍。

不久，雷州半岛在雷州党组织的领导下新建立遂南人民抗日游击大队、第九独立大队等抗日武装。遂南人民抗日游击大队大队长莫志中，政委陈同德。

1945年5月，根据中共南路特委的指示，为适应新的形势发展，取消了支队建制，将部队统一整编为5个团：遂溪为第一团，800余人，团长黄景文，政委唐才猷；遂溪、海康编为第二团，300余人，团长兼政委支仁山；廉江为第三团，900余人，团长莫怀，政委唐多慧；化县、吴川为第四团，800余人，团长兼政委陈醒亚；吴川张炎旧部为主编第五团，300余人，团长张怡和，代政委兼政治部主任朱兰清，部队共3000多人。另外，钦县、廉江地区及分散各县的游击大队、武工队约2000人。同时，在遂溪县西北区、廉江县新塘区和化廉吴边区大塘区建立了根据地，成立了三个抗日民主政权，并逐渐形成了遂溪边抗日根据地。

南路人民抗日解放军的发展引起了日伪军和顽军的恐慌，他们相互勾结，向抗日武装发起进攻。1945年6月1日，顽军雷州独立挺进支队司令戴胡恩、国民党遂溪县县长黄兆昌带领700多人进攻遂溪西北区。6月14日，驻廉江的日伪军勾结顽军雷州独立挺进支队共1300余人对新塘区进行"扫荡"。加上后来的多次对南路抗日根据地的进攻，都由于南路抗日武装做了充分准备，将这些进攻全部瓦解。同时，海康第一、第二抗日联防区也相继建立，为配合根据地的反"扫荡"起到牵制的作用。

日军收缩整个战线，陆续从广西和广州湾撤出军队。

1945年7月中旬，从雷州半岛撤往广州的日军就有3000余人，正沿广湛公路，经南路地区和中区，向广州方向和沿海地带退守。广东人民抗日解放军司令部接到中共南路特委的这个情报后，迅速组织力量向转移的日伪军进攻。经过详细侦查，决定于7月16日在大槐顶对转移的日伪军进行伏击。这次战斗由代司令员兼参谋长谢立全、第一团团长黄江平、政委关海等人领导。经过一天半的等待，仍然没有见到日军的影子，正怀疑情报有误之时，就看见日军正往大槐顶地区进军。由于抗日部队力量不足，只能选择最后的日军部队进行进攻。终于等到最后行军的几百名日军，抗日部队利用有利地形立即开始战斗，经过一段时间的厮杀，毙伤日军三四十人。后由于日军大部队增援，抗日部队见已达到目标就撤出了战斗。

行军途中的东江纵队游击队员

与此同时，中区的抗日武装也向日伪军进攻。坚守新鹤的第二团在卢德耀、陈江的领导下，带领部队在大凹村毙伤多名日军。转战恩平和台山地区的第四团在林兴华、赵彬的带领下，在广海地区一举击毙日伪军30多人，俘虏100多人。在此期间，广东人民抗日解放军直属的各个部队在各地分别打击日伪军，使得日伪军难以顺利完成其战略任务。

此时，广东各地包括海南岛的抗日战争进入了最后阶段，也是迎接胜利的阶段。

1945年4月23日，中国共产党在延安召开第七次全国代表大会。大会制定"放手发动群众，壮大人民力量，在我党的领导下，打败日本侵略者，解放全国人民，建立一个新民主主义的中国"的政治路线。8月15日，日本天皇裕仁以广播"终战诏书"的形式，向全世界宣布无条件投降。

8月10日至11日，朱德总司令向各解放区人民武装连续发布七道命令，要求部署全面反攻。中共广东区党委接到命令后，东江纵队司令员曾生、副司令员王作尧、政委林平和政治部主任杨康华签发紧急命令，督促各部队立即坚决执行延安总部第一号命令。8月16日，中共广东区党委在罗浮山冲虚古观召开会议，根据中央的各项指示和朱德总司令给日军最高指挥官冈村宁次的命令，研究部队的作战部署。会议决定，由于国民党军队已经向北江和江北解放区进攻，决定以东江以南的惠东宝和港九地区作为东江纵队收缴日伪军武器的主要地区。

东江纵队以曾生名义，向日本驻军发布通牒，限令其解除武装，向东江纵队投降；还组织大量反战的日本友人，将通牒翻译成日文，向日军散发和广播。

经过一番行动，第一支队向莞太公路、莞樟公路、宝太公路、宝深公路沿线的日伪军发起进攻；第二支队收复沙头角；第三支队围攻拒绝投降的博罗城日伪军；第四支队包围增城，迫使其投降；第六支队解放并控制海陆丰大部分地区；第七支队解放稔平半岛（除平政外）；港九支队解放大屿山、长洲岛和西贡。至9月底，东江纵队解放了东江两岸、沿海地区和粤北等地的城镇60余处，缴获了一批武器和物资。

在中区，广东人民抗日解放军司令部率领第一团、第二团、第三团和独立营的部队向恩平转移，为震慑日伪军，向龟缩在江门、会城的日伪军发动进攻，督促驻粤中的日伪军无条件投降。

在海南岛，冯白驹连夜召开中共琼崖特委紧急会议，并发布《关于日本投降的七项紧急指示》，最大限度扩大部队和解放各个城市。

在南路地区，周楠命令部队进驻海康县的杨家、扶桥，命令伪军"和平队"符水茂部投降，并派人到遂溪与日军谈判受降事宜。

在潮汕地区，虽然日本天皇已经宣布投降，但潮汕的日军仍未停止作战。韩江纵队向日伪军据点进攻，但是受到日伪军和国民党军队的阻挠，使得受降事宜难以有效开展。

（四）胜利北撤

中国取得抗日战争胜利后，蒋介石为了独占抗战胜利果实，连发三道密令要求共产党原地待命，只准国民党军队受降，并对日伪军宽大处理。共产党早已料到国民党的企图，针锋相对要求各地解放军积极督促日本投降，收复中国失地。

同时，蒋介石还比以往都更为快速地组织国民党军队向共产党的军队进攻，就广东地区来说，国民党军队在日本即将投降之时就马上进攻了粤北解放区，并制造了灭绝人性的"外营村惨案"。

蒋介石不仅马上派遣张发奎、余汉谋等人作为国民党军队受降主官，还马上重新组建广东省和各地市政府，并不断向广东各地的抗日武装发动武力进攻。

1945年9月16日上午10时，广东地区日军签字投降仪式在中山纪念堂举行，张发奎作为主要幕僚，主持广东日军的受降仪式。

此时，国民党假意想与共产党和谈，实际是积极准备内战。但中国共产党为了尽一切可能争取和平，也为了揭露蒋介石假和平、真内战的真面目，毛泽东、周恩来、王若飞决定前往重庆与蒋介石谈判。

在国共谈判期间，国民党一直没有停止对共产党武装的进攻。在美国海军、空军的帮助下，国民党几十万大军向华北、华东、华南地区运送。在粤北地区，从8月中旬开始就一直受到国民党军第一六〇师、第六十三军的进攻。王作尧、林锵云、杨康华等人率领的第一批北上部队渡过翁江后，一直受到国民党军第一二一师的侵扰，行动缓慢，直到8月底才到达始兴。

这时，八路军南下支队的处境也非常艰难。8月28日，南下支队到达南雄西北侧百顺地区，遭遇余汉谋部军队，后有湖南薛岳部军队追击，左翼也有国民党军队靠近。整个局势对南下支队十分不利，此时面对数倍甚至十几倍于南下支队的兵力，难以有效反击。经过商讨，8月29日，王震、王首道致电毛泽东，报告南下支队面临的局势，认为建立五岭根据地在实际中已不可能，希望能够北上与李先念的部队会合。中共中央军委同意了南下支队的意见，后南下支队立即北返。但东江纵队北上部队没有得到南下支队北返的消息，仍坚持北上寻找南下支队。此时，东江纵队受到国民党军队的围追堵截，最终突破重围向东前进。其中重伤病员30余人在奇心洞隐蔽养伤，受到国民党军第一六〇师的袭击，短枪队队长王育南等10余名武装战士全部牺牲，伤病员也大部分被杀害，这就是国民党军队制造的"奇心洞事件"。

中共中央放弃建立五岭根据地，但东江纵队北上部队已经在粤赣湘边一带活动，并着手创建根据地，为今后的解放战争粤赣湘边纵队的大发展奠定了基础。

9月10日，中共中央要求东江部队重新考虑向北江及五岭转移的计划，要求广东区党委迅速讨论，并计划分散坚持的方法。按照中共中央的指示，9月16日，广东区党委经过研究讨论，做出了长期坚持斗争的工作布置，除海南岛外，拟将全省各地抗日武装划分为11个区。9月19日，中共中央同意了广东区党委的计划，并要求各个抗日武装采取公开与隐蔽相结合的斗争手段，确保能够生存和发展。

9月20日，中共广东区党委正式向全省各地党组织和人民抗日武装发出《对广东长期坚持斗争的工作布置》的指示。

1945年10月10日，国共双方在重庆签订《双十协定》。此时，华南地区的国民党军队依仗自身实力雄厚，不承认中国共产党的广东人民抗日武装，将这些抗日武装诬蔑为土匪，并计划三个月内"清剿"完广东共产党的武装力量。广东的人民武装处于十分困难的境地。

1946年1月5日，国共达成《关于停止国共军事冲突的协议》，并于1月10日正式公布国共双方签署的《关于停止国内冲突的命令和声明》。按照协议，国民党军队应该停止对共产党军队的进攻，但国民党广东当局阳奉阴违，不执行停战协议，仍然继续向人民武装进攻，试图消灭广东的共产党武装。

林平一面坚持自卫反击，一面通过香港《华商报》发表讲话，揭露国民党广东当局的阴谋，向国民党提出严重抗议。2月中下旬，延安《解放日报》和重庆《新华日报》先后发表文章，介绍华南抗日游击队的功绩。

3月9日，林平秘密飞抵重庆。在周恩来的安排下，林平在重庆曾家岩举行中外记者招待会，宣布广东境内中国共产党领导的抗日武装有东江纵队、琼崖纵队、珠江纵队、韩江纵队和粤中、南路的人民抗日解放军，有力驳斥了广东国民党当局宣称的"广东只有土匪，没有东江纵队"的谬论，揭露国民党坚持内战、阻挠谈判的罪行。

后经过谈判，迫使国民党当局承认广东的中共武装的存在，并签订了北撤协议：（1）承认华南有中国共产党领导的抗日武装力量。（2）同意北撤2400人，不撤退的人复员，发给复员证。政府保证复员人员的生命安全，财产不受侵犯，就业、居住自由。（3）北撤人员撤退到陇海线以北，撤退船只由美国负责。

6月30日，北撤人员共2583人，以东江纵队为主，还包括珠江纵队89人、韩江纵队47人、南路人民抗日解放军23人、桂东南1人，在曾生带领下，分乘三艘美国巨型登陆艇离开大鹏湾。

东江纵队北撤，胶东当地的人民对北撤部队十分热情

7月5日，北撤部队安全抵达山东烟台，胜利完成北撤任务。后来，北撤部队扩编为两广纵队，被编入中国人民解放军第三野战军序列，参加了后来的解放战争。没有北撤的部队，一部分复员，其他的或原地坚持战斗，或分散隐蔽，在琼崖、中区、潮汕等地区积极作战。1949年，他们配合解放军南下大军，为解放广东作出了巨大贡献。

从日本入侵广东以来，到抗战胜利，广东全省抗日根据地和解放区的人口达到600万以上，正规部队发展到2.8万余人，民兵有30多万人。据不完全统计，在八年的全面抗战时期，华南抗日纵队共对敌作战3000多次，毙伤日伪军2万人以上，先后抗击、牵制4个师团左右的日军和大量伪军。他们的英勇抗战，有力配合了全国人民的抗日战争，同时也支援了国民党正面战场的对日作战，是华南抗日战争的中流砥柱。此外，华南抗日纵队保护和营救了一大批爱国民主人士和文化界人士，促进了抗日民族统一战线的发展，并积极配合和支持反法西斯盟国的对日战争。华南抗日纵队取得的这些丰功伟绩永远值得后人铭记。

主要参考文献

1. 中共中央党史研究室：《中国共产党历史（第一卷）（1921-1949）》，中共党史出版社2011年版。

2. 荣维木、步平主编：《中华民族抗日战争全史》，中国青年出版社2010年版。

3. 舒健编著：《中国革命战争纪实·抗日战争·华南抗日纵队卷》，人民出版社2007年版。

4. 中共广东省委党史研究室：《中国共产党广东地方史》，广东人民出版社1999年版。

5. 广东省人民武装斗争史编纂委员会编著：《广东人民武装斗争史·第3卷（抗日战争时期）》，广东人民出版社1994年版。

6. 江门市委党史办编：《广东人民抗日解放军史》，广东人民出版社1996年版。

7. 《东江纵队史》编写组编：《东江纵队史》，广东人民出版社1985年版。

8. 《港九独立大队史》编写组编：《港九独立大队史》，广东人民出版社1989年版。

9. 《珠江纵队史》编写组编：《珠江纵队史》，广东人民出版社1990年版。

10. 中共汕头市委党史研究室、中共梅州市委党史研究室编著：《韩江纵队史》，广东人民出版社1995年版。

11. 中共湛江市委党史研究室编：《南路人民抗日解放军史》，广东人民出版社1995年版。

12. 琼崖武装斗争史办公室编：《琼崖纵队史》，广东人民出版社1986年版。

13. 中国人民解放军历史资料丛书编审委员会编：《土地革命战争时期各地武装起义·广东琼崖地区》，解放军出版社1996年版。

14. 王首道：《忆南征》，人民出版社1981年版。

15. 曾生：《曾生回忆录》，解放军出版社1992年版。

16. 王作尧：《东纵一叶》，广东人民出版社1983年版。

17. 邬强：《烽火岁月》，广东人民出版社1993年版。

18. 谢立全：《珠江怒潮》，广东人民出版社1961年版。